Secretos de bienes raíces

Miguel Fernández

de Secretos
BIENES RAÍCES

Miguel Fernández

ISBN-13: 978-1086840292

Visit us on the Web:
www.lapereza.net

de Secretos
BIENES RAÍCES

Miguel Fernández

Secretos de bienes raíces

I- Porqué este libro

Cuando llegué a Canadá como inmigrante y comencé a estabilizarme en el país con mi familia, algo que tenía bien claro era que no debía pagar renta por mucho tiempo.

Por lo cual, apenas pude, comencé a buscar un apartamento para comprarlo y así comenzar a pagarme renta a mí mismo; ya que, a fin de cuentas, yo era mi mejor inquilino.

En el proceso de compra comencé a conocer agentes de bienes raíces y cuál fue mi sorpresa al percatarme de la idea errada que tenía de ellos. Yo los veía elegantemente vestidos y me parecían profesionales y competentes. La primera agente que conocí, a la cual le comenté mi interés en comprar inmueble en Canadá, desaparecía para luego aparecer solamente cuando llamaba por teléfono para ofrecerme que le comprara alguna de las propiedades listadas por ella misma… Nada: estaba intentando ganar una comisión doble y no le interesaba lo que me convenía, o nos interesaba a mí y a mi familia. Finalmente llegó hasta a mentirme ante mi pregunta de si había más apartamentos en venta en el mismo edificio donde ella tenía una unidad listada, me respondió que el apartamento que ella vendía era el único en venta en ese lugar, confiando en que, como inmigrante recién llegado, yo no tenía forma de saber la verdad. Al día siguiente contacté con otro agente quien me mostró tres apartamentos en venta en el mismo edificio, listados por otros agentes de bienes raíces y que llevaban semanas en el mercado.

Este segundo agente de bienes raíces fue honesto, pero poco profesional. Se notaba su desconocimiento e incumplió su promesa de enviarme más propiedades en el área, así como información sobre las propiedades que se habían vendido en el edificio donde yo quería comprar, ¡a pesar de que le comenté que quería comprar antes de un mes!

Después de nuestra primera entrevista me llamó un mes y medio más tarde para preguntarme si ya había comprado apartamento, a lo que le respondí que sí… Y me dijo que era una lástima ya que él había perdido un buen negocio conmigo… que le avisara si conocía a alguien más que quisiera comprar.

Su honestidad fue aplastante: lo que le interesaba era que había perdido la comisión al no ayudarme a comprar el apartamento, ni siquiera se disculpó por no haberme contactado en un mes y medio, ni por no enviarme la información que me prometió… ¡y tuvo la osadía de pedirme que le refiriera amigos que quisieran comprar! Me pareció increíble.

Comencé a preguntar sobre el tema a amigos y conocidos, asombrado por la falta de profesionalidad de estos agentes inmobiliarios. Las respuestas me asombraron aún más, y me contaron historias de horror de agentes que se habían aprovechado de su desconocimiento del idioma o del sistema de bienes raíces de Canadá, o de ambas cosas a la vez.

Ahí fue cuando tomé la decisión de convertirme en agente de bienes raíces. Me di cuenta de que había un nicho llamado «agente de bienes raíces honesto» que no estaba cubierto en el mercado. Muchos de los agentes existentes eran capaces de engañar a sus clientes con el objetivo de obtener su comisión lo más pronto posible, sin interesarles en lo más mínimo el bienestar de estos. Por otro lado, la falta de profesionalidad de algunos era tan evidente que me percaté de que era relativamente fácil competir con ellos.

Obtuve mi licencia y comencé a trabajar en diferentes oficinas inmobiliarias como Homelife, Century 21 y Remax y en todas me encontré con que, a pesar de que había algunos pocos agentes honestos y profesionales, a la mayoría solo le interesaba lo que pudieran exprimirles a sus clientes. Recuerdo, en más de una ocasión, comentarios en la oficina acerca de que no se podía ser muy honesto para hacer dinero en la carrera de bienes raíces. Esto me repugnaba tanto que comencé a escribir artículos para mis conocidos, alertándolos de las prácticas deshonestas de algunos agentes de bienes raíces. Me sentía en la obligación de proteger a mis amigos, clientes, recién llegados y familias que querían comprar o vender una casa. Estos artículos se los enviaba, y

Miguel Fernández

aún los envío, a mis antiguos clientes o a los amigos y conocidos en mi boletín mensual de bienes raíces. Inicialmente lo
hacía por correo electrónico y después comencé a hacerlo
por correo regular. En este boletín cuento las inquietantes
historias con las que tropiezo a diario, para que esta información pueda alertarles a ellos, a sus amigos y a sus familiares. Estas historias son la base de este libro.

En mi cruzada en contra de los «agentes sin ética» me
presenté y fui escogido para una posición como miembro de
la Comisión Disciplinaria del Consejo de Bienes Raíces de
Ontario (RECO, por su nombre en inglés) Este órgano gu-
bernamental es responsable de regular a los profesionales de
bienes raíces en esa provincia. Se ocupa de proteger los intereses del público contra el actuar indecoroso de agentes de
bienes raíces. Esta comisión, de la cual soy miembro, escucha
tanto quejas del público como de los mismos agentes, aplican-
do sanciones a los que sean considerados culpables de violar
el Código de Ética de Bienes Raíces. Como miembro del tri-
bunal, en estas audiencias me he percatado de las violaciones
más comunes que ocurren en el mercado de bienes raíces.

Y así surgió la idea de escribir un libro, recopilando mis
experiencias al lidiar con otros agentes de bienes raíces y
viendo con tristeza cómo muchos clientes son engañados
o simplemente son llevados a tomar malas decisiones que
les hacen perder decenas de miles de dólares en la compra
y venta de su casa, en ocasiones por incompetencia, por
falta de profesionalismo y otras veces por falta de ética de
su agente inmobiliario.

Comencé a escribirlo inicialmente en inglés, y al darme cuenta de que la falta de conocimiento del idioma es una de las causas más comunes por las cuales muchas de las personas son engañadas, decidí escribirlo en español. La ignorancia en el manejo del inglés les impide acceder a la información existente. Así que, escrito en español, el libro puede ayudar mejor a que el lector latino progrese fuera de sus países.

Mi objetivo principal es alertar y proteger a nuestras familias emigradas, o incluso nacidas en Canadá o en EUA, víctimas de la codicia desesperada de sus agentes de bienes raíces. Esas familias no tienen el conocimiento necesario y son susceptibles de ser engañados con facilidad por la toma de decisiones erróneas con la consiguiente pérdida de miles de dólares en sus transacciones.

Lo felicito sinceramente por haber dado este importante paso de tomar la decisión de leer este libro, informarse, proteger a su familia y forjar un mejor futuro para usted y los suyos.

ADVERTENCIA

En este libro estoy sacando a la luz algunas de las técnicas más utilizadas por los agentes de bienes raíces para engañar a sus clientes y cómo protegerse de ellas. Secretos que no muchos agentes inmobiliarios conocen, y muchos de los que los conocen nunca se lo dirán a usted.

Algunas de mis opiniones pueden ser controversiales y hasta un poco radicales; usted no tiene que estar de acuerdo con todas ellas y eso está bien.

Al final, usted debe tomar su propia decisión acerca de lo que cree que es lo mejor para usted y los suyos al momento de vender o de comprar una casa. Intentaré transportarlo a una jornada de reflexiones, historias personales, anécdotas reales, con un poco de humor y muchos consejos acerca de cómo proteger su mayor inversión de su falta de conocimiento del mercado y de su agente de bienes raíces.

II. El mayor peligro que usted enfrenta al comprar o vender una casa

«A growing number of *incompetent, poorly trained or part time sales people destroy industry, credibility», Danger Report Canada 2016. Canadian Real* Estate Association. «Un número creciente de *agentes incompetentes, pobremente entrenados o que trabajan a tiempo parcial, destruyen la credibilidad de la* industria», Danger Report Canada 2016. Asociación Canadiense de Bienes Raíces. Existe un Danger Report EUA con planteamientos muy similares.

Increíblemente, el mayor peligro que usted encuentra cuando quiere vender o comprar una casa es su agente de bienes raíces. Su agente puede costarle hasta 20.000 dólares o más al momento de realizar una transacción inmobiliaria.

Por todos es sabido que lo más importante al momento de contratar un agente de bienes raíces no es cuánto le cobra sino cuánto le costaría contratar al agente errado. Lo peor es que normalmente, cuando perdemos dinero en una transacción inmobiliaria, no llegamos a saberlo nunca o lo sabemos cuando es demasiado tarde.

También debemos tener en cuenta que la información más peligrosa y cara es la incorrecta, ya que nos hace tomar decisiones basadas en hechos o datos falsos.

Existen dos fuentes de peligro muy comunes:

1. Cuando contratamos un agente inexperto, porque es conocido, un amigo o familiar, o nos cayó bien o porque simplemente no hicimos nuestra labor de investigación con anterioridad.
2. Cuando contratamos a un agente de bienes raíces con experiencia, pero este no es honesto o simplemente pone su propio interés delante del interés de sus clientes.

En muchas ocasiones nos encontramos agentes inmobiliarios que no actúan de manera 100% ética para con sus clientes, a pesar de que las regulaciones existentes de RECO o de las asociaciones de bienes raíces que protegen al público, las cuales imponen sanciones para sancionar a agentes deshonestos o negligentes.

Vamos a los hechos

Muchas personas adquieren su licencia y se hacen agentes de bienes raíces, con la idea de hacer dinero rápido en una profesión que parece fácil y bien pagada. En los últimos tiempos hemos estado presenciando una gran ola de este tipo de agentes inundando el mercado.

La primera gran dificultad para ellos es cómo encontrar clientes. Si no lo logran toman dos caminos: rebajan sus comisiones para atraer clientes y/o engañan a sus clientes con tal de que estos compren o vendan con ellos y así poder ganar la comisión salvadora para pagar sus propias deudas. Ambas opciones son muy peligrosas, no solo para los clientes, sino para los otros agentes, los honestos, cuya reputación se ve afectada por el actuar de estos inescrupulosos (sin experiencia o experimentados), agentes. Muchas personas piensan que todos son iguales después de lidiar con este tipo de "profesional inmobiliario".

Una buena parte de ellos abandona la carrera de bienes raíces en menos de 3 años o la ejercen solo a tiempo parcial, dejando una secuela de mala reputación a su paso.

Es importante tener algo en cuenta: «Los agentes de bienes raíces son 100% vendedores a comisión. Es decir, si no compran o venden casas no ganan dinero. Resultado: cero ingresos».

Con esto en mente, tenemos que saber que muchos logran cerrar de 1 a 3 transacciones inmobiliarias al año: esto no les alcanza para vivir —algunas de estas transacciones son rentas con una comisión de alrededor de 1000 dólares—por lo que trabajan a tiempo parcial, compartido con otras ocupaciones como la conducción de transporte público, o en un centro de llamadas, o en la construcción, Walmart, etc.

El curso de bienes raíces y los costos de iniciación son de alrededor de 5000 dólares en Canadá y mucho menos en varios Estados de EUA, donde se puede completar en unas pocas semanas. Supuestamente, según se informa en los cursos, esta inversión se paga con una sola transacción que se logre cerrar. He conocido a muchos que nunca lograron realizar su primera transacción.

Ahora vamos a la causa del problema, en mi opinión. A veces nos preguntamos por qué hay agentes de bienes raíces que nos presionan de manera algo agresivas para que tomemos una decisión, utilizando burdas técnicas de venta aprendidas en entrenamientos que abordaré más tarde; y es que, en tiempos de desesperación, muchos de estos agentes van a hacer lo posible por ganarse un cheque que en muchos casos representan más de dos a seis meses de salario.

¿De verdad, cree que solo porque el código de ética de los agentes inmobiliarios establece que deberían tener una responsabilidad fiduciaria con usted –su cliente– y trabajar para el mejor interés suyo, siempre lo van a cumplir? Algunos violentan estas normas éticas guiados no solo por la codicia sino por un mal mucho mayor.

En mi opinión, la codicia no es la causa principal de las conductas poco éticas. La codicia solo amplifica los rasgos deshonestos de una persona cuando sus valores éticos y morales no son muy elevados. Un estudio reciente dio como resultado que solo una minoría de la población muestra rasgos acentuados de codicia.

Por otro lado, la desesperación es un animal diferente. La desesperación está ligada a la supervivencia. Un cambio de circunstancias, por ejemplo, puede hacer que una persona de gran integridad se convierta, o actúe con poca ética y que su conducta, en esos momentos, pueda ser «justificada» y racionalizada en su mente como una vía para sobrevivir.

Durante el huracán Katrina se vieron policías saqueando tiendas para mantener a sus familias.

¿Sería ético o moral para estos agentes robar? ¡No!

¿Pero podrían racionalizar y justificar sus acciones en su cabeza en aquel momento? ¡Por supuesto! Y así lo hicieron… estaban motivados por las circunstancias para proceder de manera poco ética. Esta es la forma en que la desesperación se diferencia de la codicia. Pero también es más peligrosa.

En un mercado donde la competencia es muy alta y las esperanzas de hacer dinero rápido se comienzan a desvanecer es cuando muchos agentes de bienes raíces comienzan a desesperarse.

No solo se desesperan los agentes nuevos, sino también agentes experimentados que acostumbraban a llevar su carrera de bienes raíces de una manera diferente y que tienen que enfrentarse a la alternativa de internet como otra fuente de información, más rápida y accesible, haciéndoles una competencia que les abruma. Eso les obliga a explorar nuevas vías… y sobre todo a no dejar de aprender, algo que no todos están dispuestos a hacer.

De muchos lugares se nutren las filas de los desesperados, aquellos que hacen cualquier cosa para lograr su cheque de comisión salvador.

Este es el mal del cual debemos protegernos más: los agentes de bienes raíces desesperados, aquellos que necesitan tanto de su cheque de comisión que pasarán por encima de lo que sería el mejor interés de sus clientes para lograrlo.

¿Cree que un agente desesperado, que sabe que debe aconsejarle que usted no compre una casa se lo dirá, sabiendo que perderá su cheque salvador? Un gran porcentaje de ellos cerrará la boca para que la transacción siga adelante.

Solo la educación puede ayudarnos a escoger a los que de manera honesta y profesional deseen auxiliarnos, protegiéndonos de las más comunes trampas de sus colegas.

Muy importante: por favor, comprenda, en algunos de los capítulos posteriores cuento historias que me han ocurrido y omito los nombres de los agentes y de las compañías a las que pertenecen. Mi idea no es calumniar a nadie, es solo que usted aprenda, se informe y se proteja de la falta de ética de los agentes de bienes raíces. Me siento con la responsabilidad de alertar a compradores y vendedores de las amenazas que los acechan sino se informan convenientemente.

III. Tres tipos de agentes de bienes raíces que sin duda reconocerá

*Estas son caracterizaciones de diferentes tipos de
agentes de bienes raíces que sin duda usted
se ha encontrado y espero que le divierta reconocerlos.
Algunos caben en más de una caracterización
o en todas, por increíble que parezca. Estas son tomadas
del Agent Marketing Syndicate, del cual formé parte,
liderado por Ryan Fletcher. Esta organización
aglutina a un grupo de agentes de bienes raíces de EUA
y Canadá que luchan por cambiar la industria
de bienes raíces y erradicar sus males.
Algunas caracterizaciones tienen
como único objetivo hacer reír, pero tienen más en
común con la realidad de lo que uno se imagina.*

1-El depredador

Sin duda un buen calificativo para un tipo de agente de bienes raíces. Son conocidos por su velocidad y determinación.

Si cree que puede escapar de él, se equivoca. Él es más rápido que usted, más persistente que usted y más determinado que usted también. Este tipo de agente posee el súper poder de la persecución. Una vez que identifica algún interesado «en comprar o vender una casa», o cualquier tipo de bienes raíces, este se convierte en presa, llamada «prospecto».

El agente depredador lo llamará por teléfono una y otra vez, de manera incansable; también le enviará correos electrónicos y más correos electrónicos y más correos electrónicos. Este tipo de agente supervillano es experto asumiendo determinadas conclusiones; él se adjudica (y no puede parar de hacerlo) vuestra condición de cliente, aunque no lo sea y aunque lo haya visto una sola vez. Este agente es increíblemente posesivo. En el mundo real, este hombre no es más que un acosador obsesivo.

Este agente ve la «persecución», como algo alegre y divertido que disfruta enormemente. Tiene una visión distorsionada de sí mismo: cree que solo está siendo útil y le parece increíble que usted no lo entienda así. Piensa que su misión es hacer que usted lo comprenda y que, aunque usted no lo sepa aún, usted lo necesita. Los límites personales y los códigos sociales no significan nada para este tipo de agente. Cuando es ignorado o cortésmente rechazado (o incluso groseramente rechazado), no lo entiende así y persiste en su persecución sin aceptar un «no» como respuesta ya que siempre espera hacerlo cambiar de opinión y que usted utilice sus servicios para vender o comprar una casa.

La única protección contra este supervillano es salvaguardar su información de contacto. Su número de teléfono, su correo electrónico; incluso la dirección de su casa, ya que puede tocar a su puerta solo para saludar y hacerle saber que no lo ha olvidado… ¡no puede permitir que sepa dónde vive!

El depredador es un extraordinario vendedor por teléfono. Es un ninja del correo electrónico y un profesional de la persecución. (Podría ser fácilmente contratado como detective privado o por el FBI). Si usted se aleja de él, pues llamará a su puerta y mirará por sus ventanas. En ocasiones le dejará su tarjeta de presentación en la puerta para que sepa que está siendo acosado. Si habla con él, le será difícil desprenderse de su presencia. El depredador tiene la lengua de un político. No hay forma de sacudirse a este depredador con súper poderes de acosador, construido y diseñado para la persecución.

Mi consejo: no le llame la atención, manténgase lejos de su punto de mira. Mantenga un perfil bajo, evítelo a toda costa, haga su mejor esfuerzo para mantenerse fuera de su red…fuera de su vista y de su mente. Esa es su única forma de protección.

Una vez que el depredador le identifica como un «prospecto», no hay absolutamente ninguna salvación: usted se ha ganado un acosador gratis. Además, es rápido y astuto. En momentos decisivos, considere incluso una orden de restricción para mantenerlo alejado.

2. El portero o guardián de la información

Este tipo de agente inmobiliario le parecerá muy interesante y conocido.

El portero está enojado y lleno de resentimiento porque ya no es la fuente principal de información. Se siente menos importante y fácilmente reemplazable, ya que toda la información que él posee está en internet.

Este es el más inseguro de todos los tipos de agentes, hasta el punto de que su inseguridad lo define. Se siente tan disminuido que ha ideado un «plan malvado» para restaurar el equilibrio de poder. Él es, como su nombre lo describe, «el portero o guardián de la información».

¿Quiere conocer los detalles sobre una propiedad específica? ¿Solo quiere saber el precio de una casa que le interesa? Es una pena, usted debe ponerse en contacto con el portero.

Al tratar de controlar el flujo de toda la información relacionada con bienes raíces, este tipo de agente se establece a sí mismo como el «intermediario necesario» entre usted y lo que quiere saber. Y, tal como es el caso con la mayoría de la gente insegura, este súper villano bromea en exceso, no puede disfrutar del silencio y es excesivamente autoritario —todo en un intento desesperado por parecer importante. En secreto, se resiente por los buscadores de información. Odia esta nueva «era de la información» y la internet, que facilita su búsqueda y obtención en cuanto a aspectos como precio y detalles de una propiedad, notificaciones que una vez fueron solo exclusivas de los agentes de bienes raíces.

«¿Qué pasó con la década de 1970 —se dice a sí mismo—, cuando solo los agentes inmobiliarios tenían acceso a la información de MLS (Listado Múltiple de Propiedades) y todos tenían que venir a mí?».

Este tipo de agente es fácil de descubrir: detesta el hecho de que su papel como fuente primaria de información haya sido disminuido; que su importancia se haya reducido a la nada. Por lo tanto, se defiende protegiendo hasta la última pizca de información que se le ocurre esconder.

Este agente está en todas partes. Usted no necesita ir muy lejos o buscar demasiado para encontrar un agente portero.

¿Quiere ver la última lista de propiedades o las propiedades poseídas por el banco? «¡Mala suerte!», dice el portero, «Tiene que venir a mí primero, tenemos que reunirnos, deme su dirección, o su teléfono o su correo electrónico» … y en ocasiones hasta intenta hacerle firmar un contrato de exclusividad.

«¿Cuántos dormitorios tiene la casa?», nunca encontrará una respuesta concreta sino una manera de atraparlo y perseguirlo después.

Como agente, este tipo es más molesto que peligroso. El pobre, quiere sentirse importante y a veces ni siquiera sabe que la mayor parte de esta información que él considera valiosa, usted la puede conseguir gratis en internet.

Lo peor es que uno nunca sabe si él le dice toda la verdad. Puede estar guardando una carta de triunfo o parte de la información para sentirse necesario e importante.

Este agente quiere diferenciarse y no sabe cómo… está atrapado en el pasado y algunos de sus clientes tienen más información que él. No sabe cómo ofrecer valor a sus clientes… se siente innecesario.

¿La solución? Cuando encuentre un agente portero y lo identifique, lo que no es difícil, debe darse cuenta de que tiene a alguien delante de usted en quien no se puede confiar.

3. Dr. Ego

Es uno de los vendedores más notorios y astutos en bienes raíces, estoy seguro de que lo ha visto.

Como consumidor, es importante entender que muchos vendedores cuyo ingreso está basado solo en comisiones carecen de integridad. Esto no es una noticia para usted, pero creo que mucha gente subestima la amenaza. Especialmente cuando la seducción de sus promesas pesa poderosamente en nuestro deseo de obtener ese resultado.

«¡Su casa vendida más rápido, por más dinero!". Esto, dicho de diversas maneras y por cualquier razón, lleva a los propietarios de casas a tomar decisiones estúpidas que nadie responsable tomaría si le hubiera puesto un poco de razonamiento lógico.

Específicamente, es un tipo de agente que es notorio por las promesas más grandilocuentes. Él lo saluda a usted desde todo tipo de vallas, anuncios publicitarios y las páginas brillantes de revistas y periódicos de bienes raíces: es el Dr. Ego quien manifiesta su mérito sin rodeos.

Sigmund Freud dijo una vez, hablando de «*Dr. Ego*», que este es un tipo de persona para quien el psicoanálisis no sirve de nada. En su mente omnipotente, él es el experto más grande, el mejor, el más inteligente, el más experimentado y el más sabio que haya caminado en el planeta.

Este tipo de vendedor vive felizmente inconsciente de sus defectos y debilidades. Sin embargo, pese a considerarse a sí mismo tan brillante, es muy fácil de derribar.

Ni siquiera conoce la definición de la palabra «experto». Y si usted quiere una demostración de lo que afirmo, simplemente pregúntele: «¿Qué le hace un experto?, ¿por qué debo hacer negocios con usted?». Esta es, después de todo, una pregunta lógica que cualquier propietario o comprador de casas podría hacer.

De manera inmediata, su inquietud se pone de manifiesto. Se retuerce y se pone nervioso… pero, con arrogancia ciega, le dirá todo acerca de él: lo que lo hace grande, cómo es un productor millonario, cómo ha vendido más casas que cualquier otro agente, cómo ha estado en bienes raíces más tiempo que cualquier otro agente, cómo él es el mejor negociador, el vendedor más hábil, el táctico más brillante, cómo conoce el mercado de bienes raíces y las tendencias del mercado mejor que cualquier otra persona (probablemente hasta le mostrará algunos gráficos bellamente diseñados e ilustrativos sobre él y sus resultados). Es posible que le muestre un reporte con 41 puntos de marketing para vender su casa, donde escribió todas las acciones comunes de un agente de bienes raíces y se las muestre como su magistral plan de marketing.

Este Dr. Ego no entiende que no se trata de él. Que se trata de usted.

Dr. Ego sigue la máxima de «mentir hasta que se haga cierto». Probablemente la presentación sea la misma que las de otros cientos de agentes, porque se la compraron al mismo entrenador. ¿Su ropa? Siempre está sobrevestido: traje, corbata, camisa planchada y zapatos siempre brillantes. Su coche, probablemente arrendado, pero está en el rango superior de la línea. Un Range Rover, Mercedes, o cualquiera que sea el coche de la semana de acuerdo con la revista «No puedo pagarlo».

Este tipo de vendedor se enorgullece de las cosas materiales, así es como juzga su propio valor de acuerdo con sus patrones de evaluación, por lo que lleva un reloj muy caro y siempre está tirando de la manga para asegurarse de que lo ve. Al hablar con usted, también notará que cruza sus piernas, poniendo un pie sobre el otro y se inclina hacia atrás en su silla. Este es un «movimiento» que, por alguna razón, cree que le hace parecer confiado, algo que ha practicado para parecer importante.

Pero lo que hace a este agente tan criminalmente peligroso es el hecho de que su «ego» es más importante para él que usted, o cualquier objetivo inmobiliario que desee lograr. Así que cuando las cosas van mal, y esto ocurre a menudo, en lugar de arriesgarse a dañar su ego o empañarlo en lo más mínimo (algo con lo que Dr. Ego no puede vivir ya que sería admitir un error y él no se equivoca) este agente lo culpará a usted: usted pidió demasiado dinero por su casa, usted no preparó la casa como debía, usted no siguió su consejo. Usted…Usted…Usted… Todo es culpa suya. Y, si examina las manos de este súper villano, notará que su dedo índice es aproximadamente un 30% más largo que todos sus otros dedos, ya que siempre apunta hacia otros.

Esta predisposición a no reconocer errores no lo deja aprender y esto es lo peor para sus clientes, ya que no aprovecha su experiencia y solo se encierra en lo que cree correcto y en culpar a otros por sus errores.

Todo su marketing y su publicidad no está dirigido a funcionar o atraerle clientes como primer objetivo. El objetivo es hacerse famoso, darse a conocer, alimentar su ego. Algunos manejan constantemente frente a su foto para mirarse y admirarse. Muchos escogen la carrera de bienes raíces para tener un pretexto para estar en una valla publicitaria en un lugar público, aunque no vendan muchas casas. Este agente también tiene características bipolares:

Un día, él es su mejor amigo. El siguiente, ya no lo es. Cuando dejó de interesarle se olvidó de usted, y si puede apuñalarle por la espalda con un comentario o una queja no va a dejar de hacerlo. El Dr. Ego solo piensa en él, por lo que toda la información personal que le pueda dar dejará de estar segura y la utilizará a su antojo para su propio bien…A veces solo para alardear o parecer importante delante de otros.

Existen más tipos de agentes o vendedores, pero estos son los más comunes y divertidos de desenmascarar. Espero que cuando se cruce con ellos los identifique fácilmente.

IV. Qué debe saber sobre los agentes de bienes raíces

Lo más importante no es lo que le cuesta su agente de bienes raíces: lo más importante es cuánto le costará contratar al agente incorrecto.

¿Qué pensaría si le dijera que tiene un 95% de riesgo de perder dinero cuando realiza una transacción inmobiliaria?

Hace unos días estaba escuchando un podcast de Robert Kiyosaki (autor de «Padre rico, padre pobre») y estaban hablando de la diferencia que existía entre un amateur o aficionado y un profesional.

Algunas personas piensan que los amateurs son los que aman tanto lo que hacen que no cobran por ello, y los profesionales son los que hacen tal vez lo mismo, pero les pagan por hacerlo y esto los convierte en profesionales.

Los invitados al podcast vieron esto desde un punto de vista diferente:

Para Kiyosaki y su invitado, los amateurs son los que no aman lo que hacen lo suficiente como para convertirse en profesionales y dedicar toda su vida a hacer solamente esto. Los profesionales, por otro lado, son aquellos que aman lo que hacen tanto que no pueden hacer nada más, no conciben su vida haciendo otra cosa y al final dominan su profesión tan magistralmente que se les paga por hacer lo que aman.

Dieron ejemplos acerca de los golfistas, entre los que están los amateurs que juegan por placer cuando tienen un rato libre, y por otro lado están los que juegan todo el tiempo, practican, estudian a otros profesionales, ven videos sobre el tema, no dejan de aprender y le dedican al golf todo el tiempo; estos son los profesionales.

Realmente me gustó este enfoque y, pensando en los agentes de bienes raíces, considero que este es el problema para muchos que obtienen su licencia solo para ganar dinero, pero no dedican su vida a la profesión de bienes raíces. Por esto último siempre serán amateurs. Sin embargo, algunos de ellos se quejan porque no hacen suficiente dinero, sin entender que los aficionados no ganan dinero por trabajar en sus hobbies; solo los profesionales lo hacen.

Algunas estadísticas de la industria inmobiliaria muestran que solo el 10% de los agentes inmobiliarios está cerrando más de 13 transacciones al año. Por lo tanto, el 90% de estos amateurs que permanece con una licencia de bienes raíces son realmente peligrosos para el público, ya que no son profesionales y ponen en juego la mayor inversión que algunas personas harán en sus vidas.

Algunos conocidos, e incluso clientes, se me han acercado con el interés de conocer más sobre mi profesión ya que la consideran una forma de hacer dinero fácil. Yo trato de explicarles que conseguir la licencia de bienes raíces no les proporciona los clientes y un ingreso estable. Es fácil conseguir un par de clientes, pero es más difícil conseguirlos todos los meses a menos que se haya estado en el negocio por un tiempo y se tenga un sistema que le proporcione clientes de manera periódica. Cuando están unos meses sin nueva clientela muchos agentes se desesperan y comienzan a presionar y engañar a sus clientes para cerrar a cualquier costo las transacciones y así cobrar su comisión por la venta, para cumplir con sus obligaciones financieras.

Me he puesto a investigar algunas estadísticas y estas cifras me parecieron muy interesantes: La primera información chocante es que 3 de cada 5 nuevos agentes de bienes raíces abandonan la carrera en los primeros 2 años.

Tomemos como ejemplo el mercado de bienes raíces del Área del Gran Toronto (GTA, por sus siglas en inglés) en el año 2018.

–Existen más de 53,544 agentes en el GTA.

–20,182 agentes no cerraron ninguna transacción (37.69%)

–Alrededor de 25.516 agentes cerraron entre 1 y 6 transacciones al año (47.65%).

–5,048 agentes están cerrando entre 7 y 12 transacciones al año; es decir, 9.43%

—Estamos incluyendo en estas transacciones las operaciones de renta residenciales donde el pago de las comisiones oscila entre $500 y $1.500 como promedio.

—Solo 2,794 agentes (5.22%) cerraron más de 12 transacciones al año.

Estos números cambian, ya que los agentes de bienes raíces continúan aumentando día a día, pero los porcentajes se mantienen estables.

Estos porcentajes se mantienen estables en casi todos los estados de EUA y Canadá. Recordemos la famosa Ley de Pareto, o Principio de Pareto, conocido también como la regla del 80-20. Si aplicamos este principio a los agentes de bienes raíces nos arrojaría como resultado que el 20% de todos los agentes realiza el 80% de todas las transacciones inmobiliarias y el restante 80% de los agentes realiza solo el 20% de las transacciones de bienes raíces.

Por lo tanto, definitivamente, no es una carrera rentable para la mayoría, ya que muchos la tratan como un hobby. Pero lo que es peor, esa mayoría no tiene la experiencia necesaria para maximizar la inversión en bienes raíces de sus clientes, sea vendiendo o comprando una propiedad. Otros están tan desesperados que irán en contra del interés de su cliente con tal de obtener su cheque de comisión.

La carrera de bienes raíces se aprende con la experiencia, como cualquier otra, cerrando transacciones y aprendiendo de los errores. Los cursos para obtener la licencia solo dan un bosquejo general de las regulaciones básicas y conocimientos necesarios, pero solo la práctica hace a un agente inmobiliario un profesional de respeto y un experto en lo que hace.

Según las estadísticas que vimos anteriormente, usted tendrá un 95 % de riesgo de contratar a un agente de bienes raíces sin experiencia para ayudarle con una de las inversiones más grandes –si no es la más grande– que usted realice y perder dinero en el proceso.

Ahora ya sabe una de las razones por las cuales hay tantos agentes desesperados llamando a su puerta y llamándolo por teléfono, implorándole que usted los ayude a pagar sus hipotecas y deudas. Tenga cuidado con aquellos agentes que son capaces de hacer cualquier cosa para conseguir que usted venda o compre su casa con ellos y obtener su cheque de comisión salvador, sin preocuparse por el interés de sus clientes.

Me ha ocurrido que recibo llamadas de personas que decidieron hacer su primera compra o la venta de su casa con uno de estos agentes, amigos de la familia, recién iniciados y han tenido una amarga experiencia con ellos y no saben qué hacer. En muchas ocasiones ni siquiera saben que han perdido miles de dólares por no contar con un profesional honesto, guiándolos en su transacción. En estos casos ya el mal está hecho y no hay nada que puedan hacer, excepto aprender de sus errores.

Tengo que lidiar todo el tiempo con agentes que están vendiendo una casa y no responden las llamadas que les hago porque mi cliente está interesado en su listado.

Muchas veces estos agentes están trabajando en un centro de llamadas, en una tienda local, etc. y no pueden tomar el teléfono. Lo peor es que no retornan la llamada después, afectando a sus clientes y perdiendo un posible comprador para la propiedad que tienen listada.

Hace un tiempo atrás estaba vendiendo una propiedad de unos clientes y teníamos varias ofertas para la casa, lo que llamamos «ofertas múltiples». Un total de 4 ofertas y uno de los agentes se presentó como Account Manager o gerente de cuentas del RBC, (Royal Bank of Canada) y manifestó que solo trabajaba como agente de bienes raíces a tiempo parcial. Por lo cual me aterré porque supuse que su oferta podría contener varios errores; la presentación de la oferta por el agente fue pésima, tan llena de arrogancia y petulancia que mis clientes decidieron no trabajar con sus clientes.

Recuerden que cuando el agente está presentando una oferta, está representando a sus clientes, por lo que su modo de vestir, hablar, presentar su oferta, su profesionalismo en general, puede inclinar o no la balanza a favor de sus clientes ya que nadie desea tener que lidiar con un agente ignorante para evitar problemas futuros como la no precalificación financiera, o la falta de tacto al negociar los resultados de una inspección de vivienda (home inspection).

Recuerdo otro caso, en uno de los listados de mi oficina. Como la agente que lo tenía listado estaba recién iniciándose, fui yo a realizar la negociación (esto es algo que ofrecen muy pocas compañías de bienes raíces). Recibimos dos ofertas: una de ellas firme; o sea, sin condiciones, por lo que fue aceptada a pesar de que el agente apenas balbuceaba el inglés y no entendía una buena parte de las preguntas que le hacíamos. Desde el inicio me provocó desconfianza por su notable inexperiencia, pero tenía la mejor oferta y, a decir verdad, la agente que presentó la otra oferta tampoco aparentaba mucha destreza a pesar de que su desempeño fue mejor que el del ganador. Para hacer corta la historia… la oferta mejor fue aceptada, puesto que no tenía condiciones de financiamiento ni de inspección de la casa. Dos días después, el agente nos comunicó que no podían conseguir la hipoteca y que tenían que cancelar la transacción. Depósito perdido por los compradores: $30.000. Mis clientes se encontraron de nuevo en el mercado con su casa sin vender.

Cada transacción es única y en todas hay algo que aprender; y aunque la experiencia no es lo único que cuenta, realmente ayuda mucho.

La honestidad y el deseo continuo de superación son muy importantes en un agente de bienes raíces y son la clave de su éxito en la profesión.

Si usted sabe o cree que el agente de su elección es nuevo y aun así quiere trabajar con él, póngale como condición que lo asista otro agente con experiencia: esa es la mejor manera para él de aprender y de que usted se asegure un feliz término para su transacción.

Es importante destacar que muchas de las oficinas inmobiliarias no ofrecen un agente de bienes raíces con más experiencia como mentor de los nuevos. En las grandes oficinas de las archiconocidas franquicias por lo general solo les dan un entrenamiento básico que no los ayuda mucho al momento de realizar una transacción en el mundo real, y son abandonados a su suerte para encontrar su camino en la jungla de los bienes raíces. Los agentes más experimentados se consideran su competencia y no están dispuestos a ayudar a los agentes más nuevos.

V. ¿Debo escoger un agente por la compañía a la que pertenece?

«With Brokerages recruiting as many salespeople as possible, real estate sales become a numbers game with a decline in supervision and a corresponding escalation in mistakes».
«Con las oficinas de bienes raíces reclutando tantos agentes como le sea posible, las ventas de bienes raíces se convierten en un juego de números con un decrecimiento de la supervisión y el correspondiente aumento de errores.», Tomado del Danger Report 2016

Esta es una pregunta que muchos compradores o vendedores se hacen continuamente. Muchos confían en las grandes franquicias como Remax, Royal Le Page, Century 21, Homelife, etc., esperando una mejor calidad en el servicio de sus agentes.

Últimamente esta confianza en las grandes compañías de bienes raíces ha decaído en gran medida. Cuando yo era agente de Remax un colega me comentaba que había conocido unos clientes que no querían usar sus servicios porque el pertenecía a Remax y ellos habían tenido una mala experiencia con un agente de dicha empresa.

Lo real es que las grandes compañías no son una garantía de buen servicio o profesionalismo.

Algunos nuevos agentes se afilian con compañías grandes y conocidas para suplir su falta de conocimiento y lo real es que estas grandes franquicias de bienes raíces contratan a todo el que tenga una licencia, sin importarles si son honestos, profesionales, éticos, si tienen experiencia o no. De hecho, la mayoría de los que trabajan a tiempo parcial intentan afiliarse con estas grandes compañías. Esto ha provocado que la reputación de estas oficinas no sea la de antes.

Normalmente, todas las oficinas ofrecen entrenamiento para nuevos agentes. Estos entrenamientos te enseñan a buscar clientes y a hacer marketing para encontrarlos de manera general; pero solo la experiencia realizando transacciones, negociando ofertas, lidiando con ofertas múltiples y diferentes tipos de clientes es lo que te da el conocimiento para guiar de la mejor manera a tus clientes ahorrándoles tiempo y dinero.

Algo de lo cual carecen la mayoría de estas compañías es de la solidaridad entre los agentes de la misma oficina. Normalmente todos se ven como competencia y luchan por obtener los mismos clientes; a veces de maneras no muy éticas.

En una ocasión mostré un apartamento a mis clientes y a ellos les pareció que deberíamos hacer una oferta, por lo que procedí a contactar al agente de bienes raíces que vendía la propiedad para hacer las coordinaciones necesarias. Al percatarme de que el agente de bienes raíces no había puesto su número de teléfono celular en el listado de la propiedad, lo que hacía más difícil localizarlo, decidí llamar a la oficina de bienes raíces, que pertenecía a una gran franquicia, para solicitar que me devolviera la llamada; y dejé un mensaje diciendo que mis clientes querían presentar una oferta en la propiedad de sus clientes.

Dos horas después no había recibido ninguna llamada. Revisé el listado de la propiedad nuevamente y repetí la llamada a ver si podían contactar al agente que tenía listada la propiedad. Dejé el mensaje nuevamente. Seis horas después no tuve opción y llamé al broker of record para informarle que no me podía comunicar con uno de sus agentes para presentar una oferta, a pesar de que ya la había registrado.

Por supuesto que no pude comunicarme con el broker of record tampoco, quien, sin embargo, llamó al otro día en la mañana y le comenté lo que ocurría, esperando que hallara una solución. A fin de cuentas, el bróker of record es el más indicado para esto. Cuál no fue mi sorpresa cuando el broker me contestó que él tampoco podía comunicarse con el agente y que no podía hacer nada. De acuerdo con la Ley de Bienes Raíces, el broker of record puede hacer todo, ya que el listado le pertenece a la oficina y no al agente.

En resumen: nadie pudo ayudarme. El agente me llamó dos días después, disculpándose porque se estaba casando, por lo que no podía responder el teléfono. Le pregunté por qué no había hablado con otro agente de su oficina para que lo ayudara en los días en que él estaba ausente y me dijo que no podía confiar en nadie de su oficina, el único amigo que tenía estaba en la boda con él...

Por supuesto, me preguntó si mi cliente aún estaba interesado en el apartamento.

Mi cliente ya había comprado otro apartamento y su cliente nunca se enteró de que había perdido un comprador para su casa.

Esto no quiere decir que no haya agentes capaces, honestos y profesionales que colaboren entre ellos en estas grandes compañías, definitivamente los hay; pero también los puedes encontrar en compañías de talla más pequeña.

En mi experiencia, la probabilidad de colaboración es más alta entre agentes en las compañías más pequeñas que en las grandes franquicias inmobiliarias.

Las compañías más grandes y conocidas no son garantía, como deberían ser, o como la gente cree, de buen servicio y, normalmente, lo más importante en ellas es la contratación de nuevos agentes, por lo cual, más que compañías de bienes raíces son compañías de contratación; o sea: su prioridad es aumentar la cantidad de agentes que pertenecen a sus oficinas haciéndoles pagos mensuales (a la oficina) por estar registrados allí; no el servicio a los clientes ni la calidad de sus servicios. No quiero decir que no hagan nada para mejorarlos. Pero se focalizan en contratar agentes; o sea, cualquiera con una licencia de bienes raíces que les genere una mensualidad.

Conclusión: la respuesta a esta pregunta es que debe escoger a su agente de bienes raíces por las cualidades que este tenga. Su agente es mucho más importante que la compañía para la cual trabaja.

Más importante que si la compañía es grande o pequeña son los servicios que esta ofrece, por eso –a continuación– le sugiero algunas preguntas que debe hacerle y hacerse acerca de su posible agente de bienes raíces, preguntas que no son comunes entre los agentes mismos:

1. En caso de que tenga un evento, vacaciones, cambio de compañía y no pueda ocuparse de la venta de su propiedad, ¿quién se ocuparía?

La mayoría de los agentes ante esta pregunta no tiene respuesta y otros le pueden decir que su broker of record se ocuparía del listado. Algo que no siempre funciona en compañías grandes. ¿Cree usted que el broker of record de una compañía de 250 agentes tendrá tiempo de ocuparse de su propiedad? Si la compañía es pequeña pídale el número de contacto del broker of record.

2. En caso de que no me responda el teléfono por 24 horas: ¿a quién debo llamar?

No acepte un «yo siempre respondo antes de 24 horas» como respuesta. Insista: «Si tiene un accidente y está en el hospital inconsciente, ¿a quién llamo? ¿Existe alguien más que el broker of record?». De esta manera su agente sabrá que debe responder sus llamadas, y le dirá si tiene a alguien que pueda ayudar en caso de no estar disponible.

3. ¿La compañía tiene un servicio de llamadas las 24 horas del día? O sea; ¿los agentes, que quieran mostrar mi propiedad a sus clientes, pueden llamar a cualquier hora para hacer citas para ver mi casa?
En más de una ocasión he intentado llamar a una oficina de bienes raíces y no me responde nadie o me dicen que deje el mensaje. Hay compañías pequeñas que no tienen ni siquiera una recepcionista; este tipo de oficina tampoco es aconsejable ya que depende de la disponibilidad de su agente las 24 horas, y esto es imposible, ya que tiene otros clientes que atender, asuntos personales y en consecuencia descuidará la venta de su casa, aunque no desee hacerlo. La mayoría de las oficinas de bienes raíces, contratan un servicio que se ocupa de esto. Mi consejo es que llame usted mismo a la compañía y compruebe si le responden y cuán fácil es fijar una cita para ver su casa. Algunas compañías ofrecen este servicio a través de internet, que es aún mejor.

4. En el caso de que alguien llame en un día feriado o un domingo, cuando las oficinas están cerradas, ¿el servicio que ustedes contratan me llama a mí para hacer la coordinación de la visita o le mandan un mensaje de texto a usted, como agente, para que a su vez deje de hacer lo que está haciendo y se comunique conmigo?

Aunque parezca increíble, esto hace una diferencia cuando trabajas con determinados agentes o compañías. En más de una ocasión, cuando un agente llama en un fin de semana largo o cuando la oficina está cerrada, para hacer una cita para mostrar su propiedad y el servicio que tiene contratado solo le pasa un mensaje de texto al agente que tiene listada la propiedad, en lugar de llamarlo a usted, dicho mensaje de texto (enviado al agente) puede tardar horas en ser leído, si él está en un cottage con su familia o en un BBQ u otra actividad, incluso presentando una oferta con otro cliente, todo lo cual hará que esté lejos del teléfono o simplemente que no esté pendiente del mismo. Lo ideal es que la compañía se ocupe de esto y lo llame a usted directamente y usted autorice la visita a su casa.

Es mejor confiar en un sistema establecido que en la disponibilidad de 24 horas de su agente.

5. ¿Su agente tiene el teléfono celular en el listado de sus propiedades?

En más de una ocasión estoy mostrando una casa y mis clientes quieren preguntar algo antes de preparar una oferta, la respuesta a esta pregunta determina la diferencia entre hacer una oferta para una casa o para otra. No puedo enviarle un mensaje de texto al agente de una o de ambas propiedades porque su celular no está en el listado, tampoco puedo llamarlo. Tengo que llamar a su compañía, donde le mandan un mensaje de texto diciendo que me llame a mi celular, cosa que no siempre ocurre a tiempo.

Usted le paga a un agente de bienes raíces para que le dé buen servicio, no para que haga lo que es más cómodo para él, y si su agente no quiere que lo molesten con preguntas, que no sea agente de bienes raíces.

6. Cuando se registra una oferta para mi propiedad, ¿se les informa a los otros agentes que han mostrado la propiedad a sus clientes de que ya existe una oferta?

Con el avance de la tecnología, muchas compañías avisan a todos los agentes que han llevado a un comprador potencial a la propiedad, que otro agente registró una oferta. Esto es bien importante ya que en ocasiones le da el empujón final a un comprador indeciso para presentar también una oferta. Esto es exactamente lo que usted quiere, que venga más de un comprador a luchar por su casa para obtener una mayor ganancia en la venta de su propiedad.

Existen compañías pequeñas, e incluso no tan pequeñas, que no dan este servicio, haciéndole perder a sus clientes miles de dólares.

7. Si no estoy contento con su servicio: ¿puedo cancelar mi contrato de listado de la propiedad con usted?

Esta pregunta es aterradora para la mayoría de los agentes inmobiliarios que no ofrecen un buen servicio. Normalmente, el contrato para vender su casa se puede cancelar solamente de mutuo acuerdo. Como sabemos, va a ser muy difícil que su agente quiera cancelar el contrato y en más de una ocasión he encontrado clientes que no están conformes con el trabajo de su agente, pero no pueden hacer nada. Existen otros agentes que ofrecen una salida al contrato en caso de que usted no esté conforme con su servicio. Esto es indiscutiblemente una garantía del buen trabajo de su agente.

Pídales esto por escrito y escoja a alguien que le ofrezca esta salida.

8. ¿Usted trabaja a tiempo completo como Agente inmobiliario?

En cuanto a su agente, pregúntele si trabaja a tiempo completo en la profesión; en otras palabras, si es un profesional o es agente de bienes raíces como hobby. También solicite que le muestre testimonios de clientes que hayan utilizado sus servicios con anterioridad y que usted pueda llamar por teléfono y preguntarles sobre él. Revise su sitio web en busca de testimonios, años de servicio, experiencias anteriores, etc. Haga su tarea antes de entrevistarse con un agente… esto le puede ahorrar unos miles de dólares.

VI. Cuán importante es el coche que maneja su agente de bienes raíces

¿Es importante contar con un agente con un auto caro? Hace unos días estaba leyendo un artículo sobre cómo tantos agentes de bienes raíces nuevos tratan de aparentar una carrera exitosa que no tienen, comprando o rentando un auto caro a pesar de que apenas pueden cubrir sus pagos mensuales. Esto me hizo recordar que cuando inicié mi carrera de bienes raíces, uno de los agentes más exitosos en la oficina tenía un coche que no era de las marcas más caras a diferencia de los que acababan de comenzar y eran, por supuesto, menos exitosos que él. Le pregunté por qué manejaba ese carro pudiendo manejar el que quisiera y me respondió que le gustaba su carro, que trabajaba perfectamente. Él no tenía necesidad de impresionar a nadie con su auto, a él le sobraban cualidades para atraer clientes; comenzando con su experiencia de 35 años trabajando en bienes raíces con una carrera bien exitosa, su honestidad y su conocimiento. Sus clientes iban a buscarlo a la oficina y se negaban a conversar con otros agentes de bienes raíces; si estaba de vacaciones, simplemente esperaban a que regresara.

Es bien sabido que el multimillonario Warren Buffett no conduce un auto del año ni mucho menos, y sabemos de sobra que si alguien puede hacerlo es él. Esto ayuda a su reputación de persona que no malgasta el dinero y hace que miles de personas confíen en él para que manejen el dinero de ellos, ya que sus inversionistas consideran que hará lo mismo con el dinero de ellos.

He conocido a agentes exitosos y honestos que conducen coches caros –como mis socios Richard y Robert– y también nuevos agentes que lo primero que hicieron fue un comprar un BMW y registrarse con una franquicia internacional famosa, donde aceptan a todo el mundo. De esta manera, se consideran agentes de bienes raíces de respeto ya que creen que esto los va a ayudar a obtener clientes. Aunque hay agentes no tan nuevos, que esperan impresionar a sus clientes con sus ruedas ya que no tienen honestidad suficiente para impresionarlos, no ofrecen valor agregado en sus servicios, como el Dr. Ego del capítulo III.

Muchos agentes aspiran a suplir su falta de conocimiento con la impresión que produce su auto, ¡y lo peor es que a veces funciona!

Todos sabemos que el costo real de producir un auto caro no difiere mucho de otro tipo de auto más económico, pero más que un medio de transporte, las compañías automovilísticas están vendiendo un estatus, un nivel en la sociedad y una apariencia de éxito y de solvencia económicas que muchas veces no tienen los que lo compran, si bien se conforman con aparentarlo, al menos.

Soy uno de esos agentes que prefieren invertir el dinero en otros negocios, ayudar a mi familia en Cuba o dar dinero a organizaciones benéficas antes que tener un coche extremadamente caro para impresionar a ciertos clientes seducidos por el brillo del oropel.

David Bach («Comenzar tarde, terminar rico») afirma en su libro que *«Solo debemos pedir prestado dinero para hacernos ricos, ¡no para parecer rico! Usted no quiere arrendar su estilo de vida. Si usted está pidiendo prestado para parecer rico, usted está garantizando que seguirá siendo pobre».*

Manténgase alejado de aquellos que necesitan tan desesperadamente el cheque de la comisión de la compra o la venta de su casa para pagar su estilo de vida, ya que se preocuparán más por mantener sus coches caros que lo que sea mejor para usted y su familia.

No quiero decir que no sea importante en lo absoluto, desconfíe también del agente que no puede comprarse un carro decente, sin embargo, tampoco piense que es un requisito que maneje un Mercedes, un Cadillac, un BMW, etc., del año porque en ocasiones funciona de manera contraria.

Sin duda, los valores, la profesionalidad, la integridad y la experiencia de sus bienes raíces son cualidades que van a ayudar más que el coche de su agente. Esa es su tarea, investigue, pregunte y no se deje guiar por las apariencias.

VII. ¿Debo firmar el «Acuerdo de representación de compradores» con mi agente de bienes raíces?

Esta es una pregunta muy común entre los compradores ya que a muchos les aterra verse atados por un contrato al agente incorrecto.

Me ocurrió una vez que recibí la llamada de un cliente que deseaba entrevistarse conmigo, ya que un amigo le había hecho llegar mis datos de contacto para qué lo ayudara a comprar una casa. Me reuní con ellos en mi oficina y les expliqué cómo era el proceso de compra.

Este cliente, que actualmente es mi amigo, es una persona noble y confiada que a veces peca hasta de ingenuo. En esta ocasión no firmamos absolutamente ningún documento, ya que no acostumbro a hacerlo en la primera entrevista con un cliente.

Yo le comencé a enviar propiedades para que tuviera idea del mercado mientras trabajábamos en su calificación financiera y le dije que comenzaríamos a visitar propiedades una vez que el financiamiento estuviera listo.

La siguiente semana me llamó nuevamente y me comentó que ellos querían ver una casa que les había gustado. La fueron a ver con el hijo de su contador, que era agente de bienes raíces desde hacía poco, ya que este les dijo que no había problema, que él podía conseguir el préstamo hipotecario. Por lo tanto, les mostró la casa, a ellos les encantó y la compraron. Además, les hizo eliminar la condición de financiamiento después de comprar la casa y después el banco les informó que no les podía dar el préstamo si no añadían $10.000 más de depósito inicial.

Por suerte para él su compra aún era condicional a la inspección de la casa, aunque el agente lo estaba presionando para que la eliminara también. Apenas me contó la situación le pregunté si tenía, o podía conseguir, los $10.000 extra que pedía el banco. Ante su respuesta negativa, le aconsejé que no removiera la condición de inspección de la casa, que tampoco había salido muy satisfactoria, y se saliera de la transacción. Esto fue lo que hizo, lo que provocó el enojo de su propio agente.

Ante esta mala experiencia, me dijo que había querido hacerle un favor al hijo de su contador y se dejó llevar por la desesperación de comenzar a buscar casas; pero que quería que yo le ayudara a comprar su casa.

Le comenté que seguramente había firmado un «Acuerdo de representación de compradores», (BRA por sus siglas en Ingles) por lo que debería hablar con su agente anterior para cancelarlo. También le confesé que solo algunos pocos agentes como yo tenían como política cancelar el acuerdo sin ningún problema, si el cliente no quería continuar trabajando con ellos.

Por supuesto que su agente le contestó que no y además le dijo al cliente que si quería trabajar conmigo yo tenía que darle la mitad de mi comisión o esperar 6 meses a que expirara el contrato.

De más está decir que mi cliente esperó 6 meses para comprar su casa y en ese tiempo reunió un poco más de dinero para el depósito inicial de la compra.

Casos como estos hacen que los compradores se nieguen a firmar el acuerdo de representación de compradores.

¿Por qué existe el «Acuerdo de representación de compradores»?

Antes de 1990 no existía el concepto de representación de compradores en bienes raíces. En aquel momento existía solamente el concepto de subagencia. O sea, que cuando una persona quería vender su casa contrataba a un agente a través de su oficina de bienes raíces, y este hacía todos los esfuerzos de marketing para vender su casa. Cuando aparecía otro agente con un comprador, este agente se convertía en subagente del vendedor y representaba al vendedor en la venta de su casa. Este subagente trabajaba para el vendedor, ya que este era el que pagaba la comisión, por lo que tenía que tratar de vender la casa por el mayor precio también.

Al final, la negociación era entre un comprador contra dos agentes y el vendedor ya que nadie defendía los intereses del comprador.

Esto cambió en 1990, en la mayoría de los estados y provincias de EUA y Canadá, con el surgimiento del concepto de «representación del comprador» y la aceptación de este por la ley. A partir de este momento el comprador podía firmar un «Acuerdo de representación de compradores» con una oficina de bienes raíces para que esta lo representara en la búsqueda y negociación de una propiedad o bien raíz. Es por esto que la función principal del «Acuerdo de representación de compradores» es proteger a los compradores.

Los compradores pueden firmar otro documento para ser tratados solamente como consumidor y no como cliente. Por supuesto este estatus de consumidor tiene grandes desventajas comparado con el estatus de cliente, algo que es importante tener en cuenta antes de firmarlo. La mayoría de las personas que firman este documento declarándose consumidores no conocen estas desventajas como que no existirán deberes fiduciarios para con él. El agente no estará obligado a darle prioridad a sus servicios, ni a indagar información importante para su compra a los efectos de representarlo más eficazmente. Solamente lo deberá tratar con honestidad, pero no como su cliente.

Siempre digo que cliente es el que está trabajando, utilizando al máximo los servicios de su agente y al cual se le da prioridad en información, tiempo de dedicación, obligación de mantenerlo informado y de investigar todos los hechos que pudieran afectar su transacción. También tiene el beneficio de la confidencialidad.

Consumidor es el que llama por teléfono con una pregunta y se le responde con honestidad; pero sin obligación de investigar toda la información necesaria ni indagar profundamente sobre el asunto. Al no tener el privilegio de confidencialidad, la información que le comunique al agente este puede, y debe, trasladarla a su cliente.

Todo esto está muy bien, ¿pero debo firmar el «Acuerdo de representación de compradores» (BRA) o no?

La respuesta a esto no es categórica.

Algunos agentes de bienes raíces intentan que usted firme el BRA lo antes posible y esto, en algunos casos, es muestra de la inseguridad que tienen ya que la calidad de sus servicios no es suficiente para que usted los siga utilizando sino firma el BRA.

En otros casos es solo muestra de la desesperación para evitar que usted se vaya con otro agente y pierda su ansiada comisión.

Otros agentes no tienen tiempo que perder con alguien que no quiere comprometerse a utilizar sus servicios y prefieren dedicarle todo su tiempo y su energía a los que resultan merecedores de ello y se atan exclusivamente a sus servicios.

En todos los entrenamientos para agentes de bienes raíces, a los que he asistido, nos explican que tenemos que lograr que el comprador firme el BRA lo antes posible para no perder nuestro tiempo y que no utilice al mismo tiempo los servicios de otro agente de bienes raíces…Podrían decir que es para proteger al comprador, pero normalmente no lo dicen, con algunas excepciones.

Por otro lado, cuando vendemos nuestra casa, normalmente firmamos un contrato de exclusividad con el agente que nos va a listar la casa en el mercado. ¿Por qué no hacerlo cuando vamos a comprar, entonces?

Cuando no queremos firmar un BRA con ningún agente, automáticamente todos los agentes con experiencia y que ofrecen un servicio de calidad se alejan de usted, dejándolo solo con aquellos agentes desesperados, que se enfrentarán como lobos por su comisión y que no tienen mucho que ofrecer al ser nuevos, o simplemente no tienen un buen servicio que atraiga a más clientes que quieran utilizar sus servicios; por lo que tratará con agentes que harán lo que sea e incluso mentirán con tal de que usted acabe de comprar cualquier casa y cobrar su comisión.

Mi consejo: no firme con un agente en la primera visita, a no ser que la reputación de este agente –por su honestidad y buen servicio– lo anteceda y usted quiera firmar lo antes posible con él para poder utilizar sus servicios. Normalmente ocurre cuando este agente es referido por un amigo o familiar, con muy buenas recomendaciones.

Por otro lado, es importante que usted sepa que puede firmar un BRA por un tiempo corto, no firme por 6 meses, puede hacerlo por una semana o un mes para ver si le conviene seguir con este agente. También puede hacerlo para una sola propiedad si el agente no le inspira confianza.

La ley establece, en algunos estados, que usted puede ser considerado cliente si los actos de su agente y los suyos propios establecen una relación de cliente, aun cuando no haya firmado un BRA.

No comience a visitar propiedades con cualquier agente que se le aparezca, sin saber quién es. Tómese un tiempo para leer su biografía, sus testimonios; y si nos los tiene en su sitio web es que no tiene nada importante que decir o no está tomando la profesión con seriedad. Huya de estos y protéjase.

Para concluir podríamos decir que el BRA funciona en gran medida como un matrimonio, o una relación de pareja.

1. Uno no se casa con alguien que acaba de conocer (excepto en Las Vegas).
2. Debe de existir algo de química, ya que serán un equipo por muchos, días, semanas o meses. Si el equipo es muy bueno, será para toda la vida.
3. Si su agente no le da buena espina, no vaya a ningún lugar con él, menos aún a visitar casas.
4. Si usted no es fiel, no espere que lo traten como si lo fuera.
5. Si desea promiscuidad y trabajar con varios agentes al mismo tiempo, ninguno lo valorará y todos intentarán aprovecharse de usted siempre que sea posible.
6. Debe funcionar de los dos lados, usted debe desear

trabajar con un agente determinado y el agente debe querer trabajar con usted.

7. Si las cosas no funcionan, para eso está el divorcio.

En mi caso personal prefiero fidelidad, pero sin firmar el BRA en la primera visita. Normalmente me reúno con los clientes para conocerlos y ver si realmente quiero trabajar con ellos y viceversa. Créame, hay clientes con los que uno no quiere trabajar.

Es importante tener en cuenta que al momento de realizar una oferta es necesario firmar el BRA, de esta manera usted se asegura de que su agente lo está representando legalmente.

De hecho, como dije anteriormente, aun cuando yo tenga un BRA firmado, lo cancelo si mis clientes no desean trabajar conmigo. Y es que me parece absurdo intentar trabajar con alguien que no quiere mis servicios cuando se los puedo ofrecer a otros que sí los valoran. Además, realmente me gusta escoger a mis clientes entre personas que me agradan y con quienes puedo disfrutar el proceso de la compra o la venta de su casa.

Es muy desagradable trabajar con alguien a quien se detesta y esto solo le hará infeliz, igual que un matrimonio mal llevado.

La diferencia con el matrimonio es que puede referir los servicios de su agente a todos los que conozca sin ser considerado un swinger.

VIII. Negociar directamente con el agente que vende la casa no siempre le ahorra dinero

De la misma manera en que algunos intentan vender su casa sin agentes de bienes raíces, otros intentan comprar casa sin contratar un agente que los ayude en la búsqueda, con la esperanza de obtener un mejor precio ya que el agente puede descontar su comisión.

Si bien esto ocurre algunas veces y puede navegar con suerte, no es algo garantizado.

Recuerde que existe el siguiente conflicto de intereses:

1. El agente de bienes raíces está interesado en que usted compre la casa para ganarse la comisión doble.

2. El comprador–usted– quiere pagar menos por la casa haciendo que el agente descuente su comisión del precio de compra o que le regale algo de su comisión.

3. El vendedor quiere que el agente reduzca la comisión para quedarse al final con más dinero.

Al final, todos tienen sus propios planes con la comisión extra que el agente ganaría al representar a las dos partes. Por otro lado, ¿cree usted que este agente le comentará algún problema que pueda tener la casa al comprador perdiendo la oportunidad de ganar más comisión? Algunos no lo harán.

Esta es la diferencia entre el agente que trabaja solo para usted y al cual las condiciones que le rodean lo están ayudando a ser más honesto, comentándole los posibles problemas que tiene una casa ya que sabe que su comisión está segura. Él sabe que, si no es esta, usted comprará otra casa con él.

Claro que, si su agente no es honesto, o está desesperado, puede ocultarle información también, con tal de que usted compre lo antes posible, pero si sabe que usted comprará de todas maneras, esto le ofrecerá cierta seguridad.

Unos meses atrás estaba enseñando propiedades a unos clientes y vimos una casa que a mis clientes les interesó. Inmediatamente llamé al agente que estaba vendiendo la casa para preguntarle si aceptaban ofertas antes de la fecha de presentación de la oferta y el agente me contestó que había otros agentes interesados en presentar una oferta también y que, además, ellos tenían una oferta de un cliente de ellos. Este era un comprador que no tenía agente de bienes raíces que lo representara y fue directo al agente que vendía la casa.

Miguel Fernández

Después de esperar un rato por el agente, para verlo personalmente ya que tenían un *open house* en la propiedad, logré conversar con él y me prometió que me llamaría en caso de que decidieran hacer la presentación de la oferta.

Al día siguiente, domingo, recibí un correo electrónico informándome a las 5:00pm que el mismo día, a las 7.00pm, sería la presentación de las ofertas. Esto me sorprendió porque generalmente el agente llama por teléfono para asegurarse que la contraparte asistirá a la presentación de la oferta, ya que a más ofertas mejor para el vendedor porque la competencia será mayor, con la consiguiente ganancia financiera.

Después me di cuenta de que seguramente al tener el mismo agente una oferta de su propio comprador no estaba muy interesado en que fueran muchos agentes para competir, ya que de esa manera podría obtener la comisión doble; sin importarle que su cliente, el dueño de la casa, pudiera hacer más dinero de esa manera.

Probablemente debido al poco tiempo que dieron para asistir a la presentación de la oferta, sumado a que la comunicación fue por correo electrónico, un domingo, con solo dos horas de anticipación, el único agente que estaba con sus clientes allí era yo; además, por supuesto, de la agente que vendía la casa y su comprador.

Comenzamos la presentación y la negociación para ver quien ofrecía más por la casa; llegó el momento en que les dije a mis clientes que no deberíamos ofrecer más dinero por la casa ya que esta no lo valía y no quería que pagaran más que el valor real de la misma.

Me dio mucha pena por el otro comprador que no tuvo a nadie a su lado diciéndole que no ofreciera más dinero. Y como no sabía de cuánto era la oferta nuestra, el pobre comprador, representado por el agente que vendía la casa, siguió ofreciendo más y más.

Su intención en negociar directo con el agente que vendía la casa era ahorrar dinero y lo único que estaba haciendo era incrementar cada vez más su oferta, presionado por el agente que estaba centrado en vender la casa al precio que fuera, pero a este comprador.

Claro, el agente era consciente que este tipo de comprador no iba a querer que él lo representara para comprar otra casa, por lo que esta era su única oportunidad de tenerlo como cliente y cobrar comisión por la compra, ya que el comprador haría lo mismo otra vez: ir directo al agente que esté vendiendo la próxima casa.

El comprador pagó un precio exorbitante por la casa, que ningún agente honesto le hubiera dejado pagar. El precio que ofreció fue $35.000 más que la oferta final de mis clientes, que ya era bastante elevada.

Casualmente, me encontré con el agente nuevamente 3 semanas después, y le pregunté cómo le había ido con aquella transacción y me confesó que la estimación de la propiedad por el banco había dado como resultado un valor menor que el precio de venta; por lo que el comprador tuvo que sacar de debajo de la tierra una cuota inicial mayor (downpayment) para no perder el dinero del depósito, que ya estaba en la cuenta bancaria de la oficina de bienes raíces.

Negociar directo con el agente que vende la casa no siempre le ahorra dinero cuando está comprando su casa. **Tener un agente de bienes raíces honesto de su lado puede ahorrarle mucho más.**

IX. ¿Es mejor escoger un *bróker* de bienes raíces o un representante de ventas (*salesperson*)?

Esta es una pregunta muy común. Cuando miramos la tarjeta de presentación, algunos agentes de bienes raíces dicen que son broker s y otros que son salesperson o representante de ventas. De acuerdo con la ley deben siempre establecer qué tipo de licencia tienen.

Cuando los agentes de bienes raíces terminan los cursos correspondientes a su estado o provincia para obtener la licencia de bienes raíces se gradúan como representantes de ventas o salesperson y deben comenzar a trabajar para un broker.

Para alcanzar el título de broker se necesita cierta experiencia y tomar otros cursos adicionales que le permiten a ese *broker* abrir su propia oficina de bienes raíces y trabajar de manera independiente, e incluso contratar a otros representantes de ventas.

No todos los brokers deciden abrir una oficina de bienes raíces o trabajar de manera independiente, por lo que se mantienen trabajando para otro *bróker* y solo toman estos cursos adicionales para adquirir más conocimientos y porque es más profesional mostrar que ostenta la licencia de broker ya que esto puede diferenciarlos en cierta medida de los otros miles de agentes que son solo representantes de ventas.

Generalmente, los agentes que deciden hacerse brokers son más serios con su profesión y han decidido hacer una carrera en el campo de bienes raíces. Normalmente los agentes que solo trabajan a tiempo parcial no se toman el trabajo de hacerse *brokers* ya que esto conlleva un costo adicional y más tiempo invertido en los cursos correspondientes, que los agentes que trabajan a tiempo parcial no tienen.

También existen muchos representantes de venta que tienen mucha experiencia y trabajan a tiempo completo y no ven la necesidad de hacerse *brokers*, debido a que no tienen planes de abrir su propia oficina y trabajar de manera independiente; por lo que nunca toman estos cursos extras.

Recuerdo, por otro lado, que cuando comencé a trabajar como agente de bienes raíces había un agente en mi oficina que llevaba más de 3 años como agente de bienes raíces y estaba tomando los cursos para hacerse *broker* sin haber cerrado una sola transacción. A esta persona, indiscutiblemente, le gustaba estudiar; pero en la práctica no tenía idea del área de bienes raíces ya que todos sus conocimientos eran teóricos. Esto realmente es un caso excepcional.

Para responder a la pregunta formulada antes: si bien contratar a un *bróker* ofrece, en cierta medida, una garantía mayor de estar contratando a un verdadero profesional no es el único aspecto a tener en cuenta al momento de decidirse por un agente de bienes raíces.

Debemos chequear sus testimonios, experiencia y actuación profesional antes de tomar esta importante decisión.

X. Trampas más utilizadas por agentes inmobiliarios para convencerlo de que utilice sus servicios para vender su casa

...y los errores más comunes de los propietarios de casas al contratar un agente de bienes raíces. La información más cara, es la incorrecta

Errores y trampas más comunes

La mayoría de los agentes de bienes raíces se ponen muy contentos cuando tienen la posibilidad de tomar un listado para vender una propiedad. Algunos vienen muy orondos con una presentación en la cual intentan convencer al futuro vendedor de que ellos son la mejor opción.

Aquí están los errores y trampas más comunes:

1. Listar su casa con un amigo o familiar

Esto por supuesto tiene un gran componente de confianza

ya que confías más en tus amigos o familiares que en un desconocido, lo malo es que si un agente de bienes raíces no hace bien tu trabajo lo puedes despedir (siempre y cuando no hayas firmado un contrato del cual no puedes deshacerte), pero sí es muy difícil despedir a un familiar o amigo, así como exigirle, y puede verse afectada la relación que tienen.

Recuerde que vender su casa es un negocio como cualquier otro, usted no le hace un favor al hijo de un amigo, o a un sobrino que acaba de obtener la licencia, de utilizar sus servicios para vender su casa y arriesgar miles de dólares con un novato.

No tenga pena en decir que necesita analizar diferentes opciones, como no le daría pena decirle a alguien que no quiere regalarle $10.000 o $15.000 o peor aún… regalarle dinero al desconocido comprador de su casa.

Intente contratar al mejor profesional, sea amigo o no, pero alguien con quien su inversión financiera le parezca más segura. Una buena opción es pedirle a su inexperto sobrino que venda su casa con alguien de más experiencia que lo asesore.

Esto es difícil de lograr en la mayoría de las oficinas de bienes raíces, donde los agentes no se ayudan y compiten de manera despiadada entre ellos; pero es la mejor manera de que su sobrino aprenda, sin afectar su inversión financiera.

2. Programa garantizado de venta

Estoy seguro de que ha escuchado esos anuncios que dicen «Le vendo su casa en 30 días o se la compro por cash», o algunas otras variantes.

En una de las compañías de bienes raíces en las que trabajé el dueño hacía mucho dinero utilizando esta garantía y me resultó muy interesante, por lo que le pregunté:

¿Hace mucho tiempo que utilizas esa garantía para tus clientes?

—Hace más de diez años –me respondió.

¿Y cuántas casas has comprado? –pregunté, curioso.

—Ninguna… –y sonrió.

¿Y cómo puede ser eso? ¿Has vendido todas las casas en menos de 30 días?

—No, pero en la letra pequeña del contrato de la garantía establece que yo compraría la casa a un precio 20% menor que el valor del mercado, por lo que nadie acepta y no tengo que comprar la casa.

Por lo que ya sabemos, cuando algo parezca demasiado bueno para ser verdad, lea las letras negritas pequeñas en el contrato de la garantía. Muchas personas no saben esto y buscan agentes que les ofrezcan este programa garantizado de venta que no es más que otra forma de atraer clientes de manera poco ética, engañándolos. De más está decir que estuve en esta compañía por menos de dos semanas.

3. Exposición online masiva para su casa.

Muchas de las presentaciones que hacen los agentes de bienes raíces tienen un diagrama mostrándole a usted que con ellos su casa, una vez listada, tendrá una masiva exposición en internet a través de un grupo de compañías, a esto le llaman «sindicación de su listado» y esto es verdad… Lo que no es verdad es que este agente sea el único que lo ofrece, ya que es algo que ocurre automáticamente cuando se coloca el listado de su casa en el MLS (así conocida por sus siglas en inglés).

Nuevamente están intentando inclinar la balanza hacia ellos, para que los contraten, sin que hagan nada especial. Y en mi opinión, si usted desea hacer negocios con alguien que comienza mintiéndole desde el principio, ya está cometiendo un gran error.

4. Permiso para permitirle a otros *realtors* que publiciten su propiedad

Algo que muy pocas personas conocen es que existe un acápite en el listado de su casa en MLS mediante el cual el agente de bienes raíces permite a otros agentes que publiciten el listado de su casa. Muchos de los agentes que conozco no permiten a otros agentes que le den publicidad a su listado, afectando la exposición publicitaria de su casa. Usted se preguntará…

¿Y por qué hace esto mi agente, si es normal que venga otro agente con un comprador?

Es cierto que es normal, pero algunos quieren evitar esto a toda costa e intentan vender la casa por sí mismos para embolsillarse la comisión doble, la del agente del vendedor y la del agente del comprador. Algunos son tan codiciosos que afectan la venta de su casa excluyendo un buen número de compradores que podrían ser alcanzados aprovechando los esfuerzos publicitarios de los otros agentes.

5. Rebajar la comisión del agente que representa al comprador.

En una ocasión me contactó una persona que quería comprar y estuvo haciéndome preguntas por un buen rato. Al final decidimos que le mostraría una propiedad que le interesaba. Dicha propiedad decía en el listado que no ofrecía comisión para el agente del comprador, de todas formas, yo accedí a mostrar la propiedad para conocer a los clientes y si les gustaba la casa yo negociaría algo de comisión con el agente del vendedor y si no, ellos me podrían referir a algún amigo.

Cuál fue mi sorpresa cuando al salir de la casa había otro agente de bienes raíces, amigo del esposo, que les estaba esperando para enseñarles más propiedades. Cuando les pregunté, ellos me respondieron que el señor era su agente pero que no había querido enseñarles esa propiedad, por lo que me llamaron a mí para ver solo esa propiedad que no pagaba comisión al agente del comprador.

Esto ocurre todo el tiempo, en más de una ocasión cuando trabajaba en oficinas de bienes raíces escuchaba las conversaciones de los agentes quejándose de que un cliente quería ver una casa que ofrecía menos comisión, por lo que no la iban a mostrar, diciendo que estaba vendida, y mostrándoles otras propiedades.

No es que los agentes inmobiliarios sean malos o corruptos. Si usted tiene dos trabajos en igualdad de condiciones y en uno le ofrecen el doble que en el otro, ¿cuál escogería? Normalmente escogería el que le pagan doble.

Esto hacen los agentes inmobiliarios, sobre todo si solo están pensando en la comisión que pueden ganar hoy. ¿Es un actuar que no es ético o es inmoral? Definitivamente… Pero debemos tener en cuenta que la mayoría de los agentes de bienes raíces no hacen suficiente dinero para vivir holgadamente, por lo que esto acentúa la falta de valores que algunos pueden tener.

Acortar o rebajar la comisión del agente de bienes raíces del comprador, afecta la venta de su casa. Es importante ver qué es lo que ofrece el mercado en esa área; o sea, qué es lo que otros listados similares en el área ofrecen como comisión al agente del comprador y ajustarse a esto para no estar en desventaja.

6. Le vendo su casa gratis si compra conmigo.

Esta es una variante muy peligrosa que parece atractiva para muchos dueños de casas ya que se ahorraría la comisión del que vende. Pero debemos ponernos a pensar.

1. Cuán desesperado estará este agente que está renunciando a una comisión con el afán de cobrar al menos una.

2. Si este agente está tan desesperado y ya renunció a la comisión correspondiente a la venta de su casa, ¿cree usted que le mostrará aquellas propiedades que tienen una comisión menor; perdiendo así usted visitar valiosas propiedades que podrían ser de su agrado?

3. Si este agente necesita renunciar a su comisión para vender su casa, ¿usted cree que invertirá mucho di-

nero en la publicidad de la venta de su casa? O solo la pondrá en MLS e investirá solamente en lo más básico, en materia de publicidad, para vender su casa, con lo que usted estará perdiendo dinero.

4. O este agente es muy nuevo o inexperto o simplemente su servicio es tan malo que no está ocupado con los clientes anteriores que tiene y los que le refieren, ¿no cree?

Recuerde siempre que existen dos maneras de ganar un cliente: aumentando el valor de su servicio o bajando el precio. La inversión de su casa es demasiado grande para arriesgarla con alguien que no va a hacer lo mejor que pueda para sacarle la mayor cantidad de dinero a su propiedad.

7. Comisión doble

Muchos agentes intentan obtener comisión doble por cada listado que tienen. Esto es, representar al comprador y al vendedor en la misma transacción. Normalmente ambos clientes deben firmar un documento reconociendo que existe representación múltiple. Esto es normal que ocurra, pero como representa más comisión para el agente de bienes raíces existen algunos que se aprovechan de esto.

En primer lugar, no todos los agentes son capaces de mantener un actuar ético cuando están lidiando con dos clientes con intereses opuestos, ya que existe un conflicto de intereses. Y la negociación será realizada con el objetivo que se venda la casa a cualquier precio no al mayor precio posible para el vendedor, afectando el precio de venta de la casa y beneficiando el bolsillo del agente inmobiliario.

He escuchado comentarios de clientes quejándose de esta situación, en la que me dicen «que parecía que estaban negociando en contra de 3 personas: los dos compradores y su agente de bienes raíces».

Uno de los casos que más me ha horrorizado fue el de una archiconocida agente de bienes raíces que no publicitaba las fotos de la propiedad que estaba vendiendo en el servicio de listados múltiples (MLS) sino que ponía todas las fotos y videos en su sitio web para atraer a sus compradores y alejar a los otros agentes de bienes raíces de su listado, afectando así a su cliente y la exposición publicitaria de su casa.

He conocido compradores que prefieren no utilizar los servicios de un agente inmobiliario para comprar una casa y lo que hacen es ir buscando las señales de casas en venta en sus recorridos o realizar búsquedas en internet y llamar a los agentes que venden la casa para lidiar directamente con ellos, pensando que van a lograr un mejor precio. Muchas veces el agente le dice que los ayudará con el precio y lo que hace realmente es ganarse la comisión doble.

Además, este agente no lo estaría representando a usted, y estaría intentando venderle esa casa en particular a toda costa.

Usted no tendría un agente, el cual –si es honesto– le daría su opinión acerca de la casa y no solo de las cosas buenas, sino también de las malas. Lo ayudaría a comparar entre las casas que ha visto y le ayudaría a tomar la mejor decisión para usted. Además, usted normalmente no le paga a su agente por este servicio.

8. Contratar al agente que más barato le cobre

Este es un error muy común que afecta a los compradores de casas: solo piensan en el dinero que se están ahorrando en la comisión y nunca sabrán la cantidad de dinero que perdieron por contratar al agente errado.

Warren Buffet dice que *«La honestidad es un don caro, no lo esperes de personas baratas»*. Normalmente las personas honestas tienen personas que conocen de su don o virtud y quieren trabajar con ellas, por eso pueden darse el lujo de cobrar lo que les parece justo y no necesitan bajar el precio de sus servicios para conseguir un cliente. Todo esto sin tener en cuenta que si su agente le cobra muy poco es porque necesita más dinero, por lo cual su desesperación puede llevarlo a hacer cosas en contra del interés de sus clientes.

Al momento de comprarnos un carro no compramos el más barato de todos, ya que sabemos que se puede romper más fácilmente y costarnos aún más dinero, por lo que regularmente escogemos lo mejor que podemos dentro de nuestro presupuesto. Lo mismo hacemos con la ropa que usamos, los muebles que tenemos, etc.

En todos los servicios siempre encontramos a alguien que cobra más barato que los demás y siempre hay una razón que casi siempre es que no tiene suficientes clientes y no ofrece mucho valor en su servicio, por lo que solo le queda reducir el precio para atraer clientes.

Me ha ocurrido en más de una ocasión que he estado en una presentación de una oferta y veo con tristeza cómo el manejo de la negociación del representante de los vendedores es tan pésimo que le está haciendo perder a sus clientes decenas de miles de dólares que, de otra manera, hubieran ido a parar al bolsillo de los dueños de la casa.

Las habilidades de negociación de su agente son vitales al momento de comprar o vender una propiedad de bienes raíces. Esto es algo que no enseñan en la escuela de bienes raíces y es una carrera que nunca termina, conlleva algo de psicología, atención a los detalles, experiencia, comunicación, mente rápida y por supuesto; deseo de utilizar todas estas habilidades en favor del cliente.

Tenga en cuenta que la tendencia normal de las personas o negocios con excelente servicio es que tengan precios más altos y más clientes que quieren trabajar con ellos.

Con esto no le digo que escoja al agente inmobiliario más caro, pero al menos tampoco escoja al más barato. Haga su tarea y no se guíe solo por el precio al momento de contratar al que va a manejar la inversión financiera más grande que usted posee.

9. Usted necesita un especialista en mercadeo y no un vendedor para vender su casa.

Es un error habitual pensar que usted necesita un buen vendedor para ofrecer su casa. Si usted estuviera vendiendo ropa o helados o carros, a lo mejor esto sería cierto ya que las personas vendrían a su tienda y su vendedor intentaría venderles los productos de la tienda, siendo agradable con los clientes, mostrándoles las cualidades del producto y convenciéndolos de que son superiores a las de los demás.

En el caso de las casas, usted me podría decir que lo mismo ocurre con los *open houses*, pero no es así ya que solo el 1% de las casas son vendidas en los open houses, debido a que normalmente solo van los vecinos a curiosear cómo es su casa por dentro para tomar ideas para la suya, o cuando quieren vender su casa y quieren ver cómo estaba la suya para comparar. Tengo clientes que se dedican a ver todas las casas de sus vecinos. «Para ver cómo está el mercado» y tener algo que hacer durante el fin de semana.

Las *open houses* solo son utilizadas por los agentes de bienes raíces para obtener más clientes.

Tenga en cuenta que más del 90% de los posibles compradores inician la búsqueda de su casa en internet o contactan a un agente de bienes raíces que hace la búsqueda por ellos y les envía las propiedades por correo electrónico. Cuando visitan su casa no lo hacen con el agente de bienes raíces que está vendiendo su casa, lo hacen con el que los representa a ellos, que en buena lid es quien les está vendiendo la casa. Lo más importante es contratar a un agente con amplios conocimientos de marketing que pueda manejar la publicidad de su casa y llegar a más personas para que vengan a verla.

Más que un buen vendedor, necesita un buen especialista de marketing con excelentes habilidades de negociación.

10. Yo le vendo su casa de manera exclusiva y así se ahorra la comisión del representante del comprador.

Esta técnica utilizada por agentes para listar su casa suele ser muy efectiva. Ya que le explican que no hace falta pagarle comisión a un agente que traiga al comprador, que ellos pueden conseguir un comprador, con lo que ahorrarse el porcentaje correspondiente a la comisión del comprador, parece atractivo.

Y nuevamente, el agente está logrando que usted venda con él y no con otro, y usted está perdiendo unas decenas de miles de dólares. A veces logra vender su casa relativamente rápido y piensa que hizo muy buen negocio. Lo que ocurre es que está excluyendo a decenas de miles de agentes de bienes raíces con sus clientes, que no verán su casa porque su agente no está permitiéndoles el acceso para mostrarla a los clientes de otros agentes y tampoco les está dando ninguna comisión para estimularles a que lo que hagan.

Al final, usted tendrá menos compradores, en ocasiones solo uno, en lugar de tener 4 o 5 que batallarían por obtener su casa, aumentando el precio enormemente, haciendo que haya sido un buen negocio haberle pagado la comisión al agente del comprador.

Lo mejor para usted es poner la casa en el mercado, dejar que vengan todos los agentes, que también venga el posible comprador de su agente y ver qué sería más negocio para usted. Recuerde que la venta de su casa es un negocio y debe hacer sus números, y tomar la decisión que le deja más dinero en su bolsillo.

Lo que me preocupa es cuando un agente usa este tipo de estrategia sabiendo que usted saldrá perjudicado. Hay dos opciones:

1. Ni siquiera sabe que no es la mejor manera de vender su casa por más dinero, lo que demuestra que no tiene la preparación o experiencia suficientes. ¿Sería este agente ideal para vender su casa?

2. Sabe que esto no le conviene a usted como propietario, pero lo más importante para él es obtener el listado de la venta de su casa a toda costa. ¿Cree usted entonces que este agente estaría pensando al momento de la negociación en lo que le conviene a usted o en lo que le conviene a él personalmente? ¿Será este un buen agente para confiarle su mayor inversión financiera?

11. No siga la horda, piense por sí mismo.

Muchas veces el agente que más casas vende en su área no es la mejor opción para usted. Una estrategia de marketing muy efectiva para los agentes es trabajar en un nicho determinado, el nicho preferido de los agentes de bienes raíces es el vecindario donde trabajan y donde se auto titulan «especialistas de esta área».

En la era de la información, el haber vendido 3 o 4 casas en un área no hace a un agente mucho más conocedor que otro, ya que toda la información está en disponible en internet.

Lo que realmente necesita es un agente que se prepare y estudie esa información que está disponible. Es cierto que entre dos agentes que sean vagos y no les guste estudiar y analizar la información disponible, el que ha vendido un par de casas en su vecindario conocerá un poco más que el otro. Pero es preferible alguien que le dedique tiempo a su venta y no vea su casa como una transacción más, sin dedicarle el tiempo que merece.

En muchas ocasiones, la persona que más señales de casas vendidas tiene en el área llega a su casa proponiéndole a usted cualquiera de los engaños y artimañas que denuncio en este libro y en tal caso, indiscutiblemente, este no sería un buen agente para usted.

Conozco personalmente a algunos de los agentes que más casas venden y que no serían una buena opción para ningún dueño de casa interesado en vender, solo invierten mucho dinero en publicidad sobre ellos mismos y se hacen ver como expertos, cuando solo lo son en engañar a sus clientes.

Lo importante no es cuántas casas el agente vende, sino a cuántas familias ha logrado ayudar felizmente. Pregunte por los testimonios de sus clientes: vender una casa lo hace hasta usted mismo, venderla por el mayor precio posible solo lo hace alguien que sabe lo que está haciendo y tiene el deseo de hacer un trabajo bien hecho. Para hacer feliz a una familia se necesita brindar un servicio espectacular, preocupándose por los intereses de esa familia como si fueran los suyos propios.

De la misma manera en que el mejor momento para vender es cuando nadie lo está haciendo y todos están comprando, el mejor momento para comprar es cuando todos están vendiendo y no comprando.

Hacer su tarea, no seguir a los demás y no utilizar al agente que todos usan en su área le puede reportar muchos beneficios.

12. Agentes que le dicen a usted lo que usted quiere escuchar

Este truco es el más viejo, es cuando el agente le dice a usted que puede vender su casa por más dinero del que realmente vale la casa, con el objetivo de obtener el listado de su casa. Después de un tiempo, con la casa listada en el mercado, comienza a solicitarle que baje el precio continuamente, al no venderse la casa, hasta que finalmente vende su casa, a veces incluso por menos del valor del mercado de la propiedad ya que los posibles compradores se preguntan por qué la casa ha estado tanto tiempo en el mercado.

Recuerde que es importante aprovechar el momento en que la casa sale al mercado y ponerle un precio realista para evitarse dolores de cabeza y lograr una venta rápida y por más dinero de una sola vez.

Las primeras 4 semanas en que su casa sale al mercado son vitales para la venta de su propiedad, ya que es cuando acuden todos los compradores que se encuentran buscando casas en el mercado en ese momento. Después de las primeras 3 semanas el número de personas interesadas en ver su casa disminuye drásticamente, ya que solo comenzarían a venir los compradores que empiezan a buscar casa en ese momento.

13. La técnica de «Yo tengo un comprador para su casa»

Una de las técnicas más utilizadas por los agentes de bienes raíces cuando tocan la puerta de su casa es decirle que tienen un comprador para su propiedad para hacer que usted liste su casa con ellos y ponerla a la venta en el mercado. El objetivo principal del agente es hacerlo firmar el contrato de listar la casa con ellos.

Muchas veces usted ni siquiera sabe que está firmando un contrato de exclusividad para vender su casa con este agente que apenas conoce, ¡un contrato para vender su casa con él de manera exclusiva durante varios meses (en ocasiones el contrato es de hasta 6 meses o un año)

Si un Agente le dice que tiene un comprador para su casa, piense en lo siguiente:

1. Si ya existe un comprador, podrían existir más.
2. Si el agente ya tiene un comprador, ¿por qué no lo trae?, ¿cómo se llama?, ¿puede firmar un contrato exclusivo con usted para ese comprador con nombres y apellidos?
3. Si lo que le dijo el agente acerca de que existía un comprador es mentira, ¿va a confiar usted en alguien que

desea iniciar mintiendo en una relación de negocios que envuelve una gran inversión financiera para usted?

¿Cuántas mentiras más vendrán en el futuro, a lo largo del proceso de venta de la casa

No hace mucho tuve un caso de uno de mis pasados clientes que recibieron la llamada de un agente a su puerta ofreciéndoles un comprador para su casa, y que si vendían la casa directamente con él ellos podrían ahorrar dinero en comisión. Ellos aceptaron y vendieron su casa por $700.000 a su comprador. Al tiempo, cuando conversé con ellos y revisé el área me di cuenta de que la última casa que se había vendido en esa zona, en ese momento, con un agente de bienes raíces, se había vendido por $780.000.

Es decir, que mis clientes, por ahorrarse $20.000 de comisión, perdieron $60.000.

14. No poder zafarse de su agente inmobiliario porque firmó un contrato con él.

Una regla que funciona la mayoría de las veces es que mientras más malo sea el servicio de su agente de bienes raíces por más tiempo querrá que firme su contrato de listado para venderle su casa, para de esta manera tenerlo atado contractualmente; por lo tanto, usted no tendrá ninguna garantía de que este agente le dé un buen servicio.

Muchos agentes le ofrecen la posibilidad de que usted puede cancelar el contrato en cualquier momento en caso de que, como cliente, considere que no está recibiendo un buen servicio.

Esta es muy buena garantía de que el servicio que recibirá será bueno.

Además, normalmente, tener una casa listada en el mercado sin venderse por más de dos meses es totalmente contraproducente ya que muchos van a preguntarse por qué su casa lleva tiempo en el mercado. Por esto no tiene sentido firmar un contrato por 6 meses con su agente; a no ser que todas las casas que se vendan en su barrio demoren más de 6 meses en venderse.

Confíe en el agente que le garantiza que puede cancelar su contrato en cualquier momento si no está satisfecho con su servicio, y de esta manera sabrá que el servicio que le brindará será de mucha mejor calidad.

15. Es mejor contratar un agente de la misma nacionalidad que los compradores más comunes en esa área.

Este es otro mito difundido por los agentes que le tocan su puerta, y pertenecen a la nacionalidad más común en el área, para conseguir que usted firme el contrato de listar su propiedad con ellos.

Por ejemplo, si su casa está localizada en un área donde viven muchas personas provenientes de China, el hecho de contratar a un agente que sea chino no va a ayudarle en la venta de su casa, ya que los compradores chinos contratarán agentes de bienes raíces chinos para que los ayuden a buscar su casa. Si su agente es de cualquier otra nacionalidad esto no es importante, ya que lo que quieren los compradores es la casa y lo que determina realmente la venta de su casa es el marketing que haga el agente de bienes raíces que usted contrate para vender su casa y no su nacionalidad.

Cuando usted pone su casa en el mercado, en un área donde hay muchos compradores provenientes de China (por ejemplo), y contrata a su agente de confianza que puede ser de cualquier otra nacionalidad, su agente publicita la propiedad y todos los agentes chinos con clientes chinos traerán a estos a su casa para ver si les gusta y ganarse la comisión que usted y su agente ofrecen.

Usted lo que necesita es un agente honesto y profesional que le pueda aconsejar adecuadamente. La nacionalidad de su agente es lo menos importante al momento de vender su casa. No se deje engañar.

16. Yo vendo todos mis listados por un precio mayor que el precio listado.

Algunos agentes de bienes raíces le dirán esto como parte de sus ardides para convencerlo de que liste su casa con ellos. Otros ponen incluso un cartel que dice SOLD OVER ASKING («Vendida por encima del precio») para atraer clientes, y de esa manera hacerles creer que él hará lo mismo con su propiedad.

Lo real es que muchos de estos agentes no están vendiendo las propiedades que tienen en el mercado por un precio mayor al valor del mercado, sino que están simplemente poniendo un precio a la casa, por debajo del valor del mercado para atraer ofertas múltiples y, al final, terminar vendiendo la propiedad por mayor precio.

Esta estrategia de precio es válida y muy eficaz en algunas ocasiones, pero lo que no es válido es que después algunos de estos agentes se vanaglorien diciendo que vendieron la casa por más dinero del que estaban pidiendo; dando así la idea de que hicieron un muy buen trabajo, cuando lo único que hicieron fue colocar un precio menor que el valor real de la casa.

Nuevamente están intentando ganarse su negocio, tratando de engañarlo a usted. Cuídese de quien lo engaña por cualquier razón, porque puede volver a hacerlo cuando la comisión de la venta está en juego.

17. Necesito un agente especialista en vender y otro especialista en compra.

No hace mucho recibí un correo de un agente que fue enviado a todas las personas que conoce, explicando que el agente que es bueno para comprar no es bueno para ayudarle a vender. Este agente enumera un número de razones y olvida por completo el sentido común. Él se esfuerza en convencer a los dueños de casas de que es la mejor opción, solo para vender su casa y después olvidarse de usted.

La transacción de bienes raíces lleva dos partes que están íntimamente relacionadas: la de la compra y la de la venta; y para poder vender una casa y negociarla por el mejor precio, el agente que vende su casa debe tener experiencia representando ambos lados de la ecuación; o sea compradores y vendedores.

Me ha ocurrido en más de una ocasión que soy contactado por un dueño de casa que está desesperado porque contrató un agente que le vendió su casa y no lo está ayudando a comprar. La explicación es muy clara: es más fácil venderle una casa a un cliente que ayudarle a comprar, ya que esto último implica mostrar casas hasta encontrar alguna que sea del agrado de su cliente; por lo que, es posible que el agente invierta tiempo sin recibir nada a cambio rápidamente. Representar de manera honesta a su cliente/comprador implica hacer análisis del mercado de las casas que le gustan a los clientes, hacer comparaciones entre las casas que está mostrando, redactar las ofertas, presentarlas y asumir el riesgo de que la oferta no sea aceptada, de que se encuentre en una situación de ofertas múltiples, o de que pierda la oferta y tenga que comenzar nuevamente de cero.

Estos son argumentos propios de agentes que solo se preocupan por la cantidad de transacciones que realizan y no se preocupan por ayudarle a usted en sus necesidades de comprar o vender bienes raíces y mucho menos en establecer una relación con usted para ayudarle en lo que le haga falta.

Un viejo refrán de negocios dice que «los amateurs se focalizan en transacciones, los profesionales se focalizan en relaciones". Es por esto que los profesionales no necesitan hostigar a los dueños de casas tocándoles las puertas y llamándoles por teléfono a deshoras.

Usted escoja al agente de bienes raíces que le parezca más capaz y honesto y que esté genuinamente interesado en ayudarlo con sus necesidades de bienes raíces; no al que esté interesado solo en hacer dinero fácil a costa de su familia. No importa si se auto titula «el especialista en su barrio» o manda folletos todos los meses; esto, al final, es lo menos importante.

18. Cuando lo que le dice su agente no le parece muy creíble y que está exagerando cosas... es que le está inflando globos

Algunos agentes poseen, según ellos, maravillosos planes de marketing (estos, al menos se dieron cuenta de que el marketing era importante para vender su casa) con 21 puntos de marketing, o 44… o cualquier otro número que parezca grande. Y cuando enumera los puntos de su plan de marketing es exactamente lo que hacen todos los agentes de bienes raíces, simplemente que no lo enumeran en puntos.

Esto no es una técnica de marketing, es pura técnica de ventas para impresionarlo a usted y hacerlo firmar el «contrato del listado» de su casa para que venda con ellos. Sea objetivo y no se deje engañar.

Siempre piense que si un agente necesita engañarlo para hacerlo firmar un contrato con él, posiblemente será capaz de engañarlo en cualquier otro detalle de la venta de su casa y que eso le puede costar dinero.

XI. El enfoque emocional para vender su casa

Le llamo enfoque emocional, porque al momento de vender su casa no puede olvidar que está vendiendo su propiedad a seres humanos que estamos normalmente regidos por emociones, que son las que tenemos que lograr activar en los compradores para que paguen por su casa más de lo que el mercado y sus conciencias les dicta.

El «enfoque emocional» para vender bienes raíces.
Existe un lugar en África en el cual turistas de todo el mundo pagan miles de dólares por visitarlo. Es conocido como la Ruta de la flor. Una vez al año la arena seca del desierto se transforma en un manto de flores hermosas, que se extiende por varios cientos de millas.

Estas flores nacen de semillas que permanecen dormidas en la arena caliente por uno hasta dos años o el tiempo necesario hasta que caiga una lluvia intensa; dos o tres semanas después, el florecimiento rompe la reiterada aridez del panorama con un colorido que parece extraterrenal y resulta extraordinario.

La arena no se mantiene húmeda por mucho tiempo por lo que, para poder sobrevivir, las flores deben producir hojas y semillas para la polinización; las más brillantes y atractivas tienen mejor oportunidad para atraer los insectos que las ayudan en la fertilización y reproducción.

Cuando leí sobre este lugar me percaté de que esto no era más que publicidad competitiva, en su máxima intensidad. La lucha por ganar la atención para poder sobrevivir.

Al igual que estas plantas que compiten entre sí para atraer la atención de los insectos, su casa debe hacer lo mismo cuando está a la venta en el mercado. Ya que aparecerán más personas interesadas en su casa (y ofrecerán más dinero), mientras mejor sea la publicidad de su casa y más atractiva les parezca a los posibles compradores.

Cuando estamos en un mercado de vendedores se hace relativamente fácil vender una casa, no hace falta mucha publicidad para que venga alguien y la compre. Claro; esto no significa que la estamos vendiendo por la cantidad máxima de dinero en que hubiéramos podido venderla, como si lo hubiéramos hecho vendiendo la casa de manera profesional.

Es como sacarse un diente, o poner un piso en una casa o redactar un contrato privado; cualquiera puede hacerlo, pero no todos podemos hacerlo bien.

Es en el mercado de vendedores, al contrario de los que muchos piensan, cuando más dinero dejan de ganar o pierden los dueños de casas al venderlas sin un asesoramiento adecuado.

Muchos olvidan sacarles partido a las emociones de los compradores al momento de poner su casa en el mercado.

Utilizar las emociones al momento de vender su casa no es algo nuevo, y muchos utilizamos este recurso inconscientemente al momento de preparar la venta. El hecho de saber que a dónde estamos intentando llegar es a las emociones de los compradores es lo que nos hace más conscientes y mejores en lograr nuestro objetivo.

Muchas veces trabajo con personas que me preguntan sobre si es mejor posicionar la casa en el mercado para inversionistas y no hacer ningún arreglo en la propiedad, en vez de hacerlo para familias y compradores regulares que serían más exigentes al momento de escoger.

Mi respuesta siempre está basada en si ellos están dispuestos a hacer algunos cambios para ganar más dinero o solo desean vender la casa cuanto antes y marcharse.

Recuerde que, a diferencia de los que quieren comprar su casa para vivir, los inversionistas solo ven números, al menos los buenos inversionistas. Ellos no están comprando la casa para vivir, solo para sacarle dinero y los números no llevan emociones.

Por otro lado, los compradores regulares, están buscando un hogar, un lugar donde se van a sentir a gusto con su familia.

Todos hemos leído libros o visto películas de amores imposibles, cuando los protagonistas se enamoran de quien no deben, perteneciendo a familias rivales, como los Capuleto y los Montesco de Romeo y Julieta en la obra de Shakespeare, o de culturas diferentes, color de piel distinto, etc. y estas parejas luchan por este amor dejándose gobernar por sus emociones y pasando por encima de todos los obstáculos, e incluso, perdiendo su vida en el intento.

En bienes raíces, en más de una ocasión he tenido clientes que me han pedido que les busque una casa independiente, de 4 habitaciones con dos garajes y al final se enamoran de una casa semindependiente o de un townhouse de 3 habitaciones, con un solo garaje, que no tenía nada que ver con lo que me pidieron en un inicio. Pero simplemente hicieron concesiones a lo que querían.

Las emociones distorsionan el objetivo inicial del comprador, pero también les hacen pagar mucho más de lo que normalmente pagarían por dicha casa. Cuando logramos llegar a las emociones de los compradores en la venta de una casa, usualmente logramos tener más de un comprador en una oferta múltiple batallando por ganarse la casa; los «enamorados de la casa».

Tenemos que diferenciar cuándo una casa se vende por ofertas múltiples solo porque no hay muchas opciones en el mercado y estamos aprovechándonos de la relación oferta y demanda existente, y cuándo, además, hacemos que las personas peleen a brazo partido por una casa porque logramos que los compradores se enamoren de la propiedad.

Como mencione anteriormente cuando las condiciones del mercado son favorables porque no hay mucho inventario de casas en venta y los compradores no tienen muchas opciones, se logran ofertas múltiples y ventas por encima del precio que se pedía en el listado de la casa, sin que tengamos que hacer mucho por ello… ¿Pero estaremos obteniendo todo lo que podríamos de la venta de su casa?

Muchos vendedores y agentes de bienes raíces se sienten muy contentos porque tuvieron 5 ofertas por su casa y la vendieron por 20.000 dólares más de lo que pedían. Nunca se percataron de que acababan de perder $20.000 o $30.000 más por no preparar la casa adecuadamente para hacer clic con las emociones de los compradores.

Creo que lo que desean la mayoría de los dueños de casas, cuando ponen su casa en el mercado, es extraerle a su propiedad la mayor cantidad de dinero posible y no solo lo que parezca aceptable.

En más de una ocasión he visto a dueños de casas perder mucho dinero en la venta de su casa por no tener en cuenta este enfoque emocional y la peor parte es que nunca lo supieron.

¿Cómo lograr que su casa tenga una preparación que apele a las emociones de los posibles compradores?

Todos sabemos de los servicios de *staging* o decoraciones de casas para la venta, esto ayuda mucho. El *staging* no es más que acomodar la casa para que luzca bonita y más grande. Utilizando muebles pequeños para que las habitaciones luzcan más grandes y redecorando para que se vea bonito y atrayente, pero además también se trata de crear un ambiente de hogar donde las personas se sientan a gusto y quieran vivir allí a toda costa. Como en todas las áreas, existen profesionales que pueden hacer un trabajo espectacular y aficionados que harán un trabajo aceptable.

También hay pequeñas reparaciones que los compradores prefieren no tener que hacer.

Como es importante contratar un buen profesional como agente de bienes raíces, es también importante utilizar un buen profesional encargado de prepararla para la venta. La decoración no debería lucir falsa y debería parecer normal en la casa. Ya sé que muchas personas dicen que esto cuesta dinero, y es cierto, pero también le retorna mucho más dinero del que invirtió.

Estoy seguro de que ha visitado las casas modelo de las construcciones en planos, muchas veces ni se parecen a la casa real que le están vendiendo, pero usted quiere vivir allí en esa casa. Y es que el modo de vivir una casa no es el modo de venderla, son dos cosas bien diferentes.

Las casas vacías y las ventas de casas comparables en su vecindario

Está demostrado que las casas sin muebles tardan más en venderse debido a que a los posibles compradores le resulta más complicado visualizar la casa con los muebles, ya que espacialmente se sienten algo perdidos en las habitaciones vacías.

Funciona mucho mejor colocar muebles para definir las diferentes áreas de la casa y dar una mejor idea a los que la visitan con intenciones de comprarla.

Es por esto, que las grandes compañías constructoras, uno de los primeros pasos que dan, en un complejo de construcciones de casas o de apartamentos, es preparar una casa modelo que amueblan y decoran profesionalmente, para ayudar a los potenciales compradores a visualizar mejor los espacios.

Las ventas de casas comparables en su vecindario

Estoy seguro de que alguna vez se ha preguntado por qué tiene que vender su casa por el mismo valor que la vendió el vecino, ¿por el simple hecho de que tiene los mismos pies cuadrados y la misma distribución?

Es una manera de analizar el precio de su casa basado solo en los de otros inmuebles comparables que se han vendido en su área poco tiempo atrás.

En ocasiones, estas ventas de casas similares en el vecindario no le están dando el valor real a la suya pues no existen dos iguales. Sin dudas las personas que las ocupan las habrán adecuado de diferentes maneras.

Su casa no puede tener el mismo valor que la casa del vecino, aunque sean casas similares ya que el solo hecho de que la casa tenga olor a animales, mascotas o que no esté limpia, va a hacer que muchos compradores rechacen la casa y le atribuyan un valor inferior.

Por otro lado, las renovaciones como las cocinas y los baños, una pintura fresca de color neutral, bombillos de luces claras y ambientes limpios, le agregan un buen dinero al valor de su casa. La decoración puede activar las emociones de los compradores y provocarles a pagar más por la propiedad. Los muebles adecuados pueden hacer la casa mucho más atractiva y por lo tanto más valiosa, como le comenté anteriormente.

Además de esto, es bien importante la exposición publicitaria que tenga su casa y la calidad que esta publicidad tenga.

Cómo lograr una mejor exposición publicitaria para su casa.

He visto, en diferentes ocasiones, listados de propiedades en internet que tienen fotos que parecen tomadas con un celular y con muy poco gusto. Otras, tomando áreas de la casa que no deberían ser tomadas o rincones con ropa interior colgando de las sillas.

Cerca del 90% de los compradores comienzan su búsqueda en internet y la calidad de las fotos, iluminación y profesionalidad del fotógrafo es lo que lo puede ayudar a atraer la mayor cantidad de personas a su casa.

El tour virtual de las habitaciones también es importante, así como las ventajas que tiene el barrio donde vive, como la cercanía a restaurantes, cines, tiendas, gimnasios, hospitales, transporte público, etc.

Recuerdo que cuando comencé en la carrera de bienes raíces, me compré una cámara fotográfica y les tomaba las fotos a las casas de mis clientes. En la medida que ha pasado el tiempo contrato profesionales que sean capaces de hacer un trabajo mucho mejor.

No hace mucho puse una casa a la venta y los vecinos, cuando vieron el cartel de venta con mi cara sonriente, llamaron por teléfono a mis clientes porque querían que un familiar cercano de ellos comprara la casa.

La casa tenía un valor, según los comparables, de $700.000; pero las fotos y la preparación de la casa estaban tan espectaculares que los vecinos no querían perderla y pagaron $750.000 por ella. El otro agente me decía que él consideraba que sus clientes estaban pagando mucho por la casa, pero sus clientes sabían que si estaba un día más en el mercado alguien la iba a comprar y ellos la iban a perder.

Recuerdo que vinieron con el brochure que imprimió mi equipo de marketing, con las fotos de la casa y el vínculo de internet del tour virtual mostrándoselo al resto de los familiares.

Si no se hubiera obrado profesionalmente como lo hicimos, los compradores no hubieran aceptado pagar $50.000 más por la casa.

En más de una ocasión mis clientes, después de ver las fotos de su propia casa, me confiesan que les da ganas de comprarla ellos mismos.

Dónde publicitar su casa

Anteriormente les comentaba que muchos de los agentes que usted contacte le dirán que realizarán una exposición de *marketing* masiva de su casa online. Esto es llamado «sindicación del listado» de su propiedad ya que al colocar su propiedad en un listado en MLS este sitio web alimentará decenas de otros sitios web para darle publicidad a su casa. Claro; esto no los hace diferentes, aunque ellos estén intentando hacerle creer que es algo exclusivo de sus servicios. Como le comenté anteriormente, esto es lo que ocurre con todos los listados de propiedad es que son colocados en la lista de propiedades múltiples (MLS).

Existen otros sitios donde el sitio web de MLS no alimenta automáticamente los listados de propiedades y esto es lo que debe hacer su agente. Sitios como Facebook, Twitter, YouTube, Craig List, Backpage, Kijiji, etc. Pero lo importante, como siempre, no es lo que uno haga, sino cómo lo hace. Se necesita conocimiento –y contratar especialistas en redes sociales para crear una campaña de expectativa adecuada con su propiedad y hacer que el recorrido virtual de su casa se propague de manera viral en todas las redes sociales, llegando a la mayor cantidad de posibles compradores.

No hace mucho creamos una campaña viral de un listado de una propiedad de un cliente nuestro que logró 257 visitas en el recorrido virtual de la propiedad antes de que esta saliera al mercado. El mérito fue de los profesionales que contratamos: el fotógrafo, la decoradora y la persona que limpió la casa antes de las fotos, entre otros. Todo esto, en conjunto con nuestra campaña de *marketing* logró 24 ofertas en 3 días y $85.000 más que lo que los vendedores estaban esperando, según los comparables.

El factor WOW elimina objeciones

Esto es sentido común: ¿Alguna vez ha estado en un hotel de 4 o 5 estrellas? Cuando usted entra y puede ver su reflejo en el suelo de baldosas, entra al baño y el papel higiénico se pliega para parecerse a un pato, y la cama está hecha de modo que parece una decoración de un artista por las figuras que han hecho con las toallas, y no hay una miga en el suelo o un pedazo de polvo en los muebles… ¿Por qué cree usted que hacen esto? Debido a que las primeras impresiones son todo y uno espera que en un hotel de esa categoría todo esté impecable y en perfectas condiciones.

Si por casualidad usted tiene una queja por algún detalle mínimo, la dejará pasar sin darle demasiada importancia porque hay tantas cosas que admirar que los pormenores no son preocupantes.

En ocasiones ocurre que la inspección de la casa descubre que hay un problema de salidero en uno de los baños y un área en el techo que necesita ser reparada.

Los compradores conocen estos problemas después de la inspección de la casa, pero temen intentar renegociar el precio o pedirle al vendedor que repare estas cosas, y cuando lo intentan lo hacen sin mucha fuerza, ya que temen perder la casa de la cual se enamoraron. ¿Cuántas veces pasamos por encima de los defectos de los seres que amamos e incluso los ignoramos o aprendemos a vivir con ellos? Más del 50% de las veces, sino es algo demasiado grave, los compradores simplemente lo dejan pasar y eliminan la condición de la inspección de la casa sin chistar.

La historia hubiera sido diferente si la casa estuviera en condiciones normales y el factor WOW no estuviera pesando sobre las emociones de los compradores.

Generalmente los compradores buscan, en la inspección de la casa, defectos de la propiedad para intentar bajar el precio. En cambio, si se enamoraron de la casa, comienzan a justificar su decisión de que les gusta, buscando sus ventajas y justifican los defectos con razonamientos como

«No se puede tener todo»… ¡o simplemente los pasan por alto!

Recuerdo en una ocasión, cuando llevaba como *realtor* solamente dos o tres años, estaba con mi familia buscando casas en Aurora, Ontario para nosotros. Una de las casas que vimos estaba tan bien preparada para la venta que nos enamoramos de ella y pusimos una oferta, sin siquiera percatarnos de que la casa era demasiado pequeña para nuestras necesidades (3niños, una suegra, mi esposa y yo). Los dormitorios eran mínimos, tanto que ni siquiera nuestro juego de cuartos cabía en el cuarto principal. Por suerte seguimos viendo propiedades y encontramos otra casa mucho más grande que se adaptaba más a nuestras necesidades y todavía estábamos a tiempo de no seguir adelante con la casa anterior.

Eliminar todas las negociaciones y bajas ofertas

Como les acabo de explicar, lo que muchos compradores están buscando cuando hacen una inspección de la casa – además de tener tranquilidad respecto de la casa que están comprando– es también alguna que otra excusa para negociar una reducción en el precio.

Es por esto que es aconsejable hacer una preinspección de la casa, de esta manera usted está consciente de los problemas que puede tener su propiedad y puede hasta solucionar aquellos problemas que pueden ser más graves.

En la inspección se detectan problemas que son cosméticos, pero cuando se encuentran muchos pequeños defectos, los posibles compradores comienzan a pensar que la casa no está bien cuidada y que puede haber muchos defectos más.

En una ocasión, mientras asistía a una conferencia de bienes raíces para invertir en el mercado inmobiliario de USA, uno de los instructores nos comentaba que cuando el acababa de renovar una casa siempre dejaba algunos pequeños detalles para que el inspector los pudiera encontrar y se sintiera satisfecho. Si el inspector no encontraba nada, pues, seguía hurgando para encontrar algo y justificar su trabajo y el dinero que le estaban pagando por la inspección.

Lo más importante en mi opinión es conocer los posibles defectos que pueden ser sacados a la luz en la inspección de la casa para que no lo sorprendan y poder reparar aquellos que podrían ser considerados muy graves y atemorizar a los compradores o hacerles pedir una gran reducción de precio.

Propiedades con garantía

Las Garantías de las Propiedades son algo así como seguros que cubren una serie de posibles problemas que puedan surgir un año después de que la casa cambia de dueño. Normalmente cubren algunos electrodomésticos, problemas de plomería, cableado eléctrico, calefacción, refrigeración, etc. Estas garantías son más utilizadas en USA, donde algunos agentes las usan como elemento diferenciador al momento de vender las casas y aquella garantía de la propiedad está incluida por un tiempo determinado, generalmente un año.

No son muy populares en Canadá, donde se utilizan mayormente por parte de los compradores de la propiedad. Muy pocos agentes se la ofrecen a sus clientes para que estén protegidos ante cualquier eventualidad que pueda surgir en el primer año de ocupar la casa.

Estas garantías se pueden utilizar para ofrecer tranquilidad a la persona que compre la casa, y en el caso de que la casa venga con la garantía esto le añade valor a la propiedad.

Personalmente, la utilizo mucho con clientes que compran una casa que no es nueva, para protegerlos contra posibles roturas que puedan ocurrir en un futuro.

XII. La importancia del depósito en su transacción de bienes raíces

Antes de entrar en el tema de las «ofertas múltiples» quisiera abordar el tema de la importancia del depósito.

Según la Ley de Bienes Raíces el depósito es una cantidad de dinero que entrega el comprador para dar muestra de buena fe y mostrar que sus intenciones son serias en la compra de la casa. Según la ley, este depósito se debe entregar 24 horas después de la aceptación de la oferta, pero en situaciones de ofertas múltiples se aconseja traer el cheque con el dinero del depósito a la oferta, normalmente en una letra de cambio *(money order)* o cheque certificado *(bank draft)* para hacer más atractiva su oferta.

Me ha ocurrido en más de una ocasión que a un cliente que compró una casa se le enfrían los pies al día siguiente y no trae el cheque, por lo que la transacción se anula. Esto es lo que hace que el hecho de traer el cheque en el momento de la presentación de la oferta sea muestra de una seriedad aún mayor, anulando así la posibilidad de arrepentimiento; sobre todo, si la oferta no lleva condiciones.

El monto del depósito varía según el área. En Toronto y las áreas colindantes es de alrededor del 5% del valor de la casa, y llevar un depósito mucho menor hace surgir la desconfianza de los vendedores y de su agente de bienes raíces hacia usted, ya que piensan que no tiene dinero para comprar la propiedad.

Una pregunta que me hacen mucho es «¿Qué pasa si el comprador se arrepiente y no quiere comprar la casa después de que ha entregado el depósito?». Ante esto hay dos opciones:

1. Si la oferta es condicional (a la inspección de la casa, financiamiento, etc.) y está dentro de los días correspondientes al periodo condicional, el depósito se les retorna completamente a los compradores.

2. Si la oferta no tiene condiciones, o estas condiciones ya fueron removidas o cumplidas, los compradores pierden el depósito. Este depósito es para cubrir los posibles costos que el vendedor ha incurrido debido al incumplimiento de los compradores. Por ejemplo; si el vendedor vuelve a sacar la casa al mercado y la vende por $10,000 menos, esta diferencia sería cubierta por el depósito de los compradores. También si el día del cierre es un mes más tarde o existe cualquier otro costo, los pagos extras incurridos por el vendedor serían cubiertos con este depósito. En ocasiones no hay un

perjuicio real y la casa se vende por un precio más alto que la primera vez; en estos casos el depósito pudiera ser retornado. Esto es algo que sería negociado por los abogados, a veces en la corte y no por los agentes de bienes raíces.

En una ocasión me ocurrió que el comprador después de comprar una propiedad que yo tenía listada, se arrepintió por lo que su depósito de $30,000 estaba en riesgo. Inmediatamente los abogados del comprador intentaron buscar cualquier detalle o error en los documentos que les justificara anular el contrato de compra y venta. En este caso no encontraron nada que los ayudara, pero esta es una razón más para contratar un agente de bienes raíces profesional que no cometa errores en su contrato y que cumpla con todos los términos de entrega a tiempo; ya que cualquier detalle puede ser utilizado por los abogados de la contra parte para decir que no existe un contrato válido y pedir el retorno del depósito.

XIII. Ofertas múltiples

Cuando en el mercado existen más compradores que vendedores, entramos en lo que se llama «Mercado de vendedores», ya que estos son los que mandan, al tener más opciones. Es ahí cuando comenzamos a ver ofertas múltiples en casi todas las propiedades en venta, haciéndose más difícil comprar una casa. Más que nunca necesita un agente con experiencia para que lo guíe en el proceso.

¿Ganamos la casa?
Algunas historias de ofertas múltiples

Mis clientes estaban atónitos: «¿Ganamos la casa?» Sucedió con mis clientes Bladimir y Lázara hace un tiempo atrás. Solo había 3 ofertas para la casa que querían, pero aun así tuvimos que batallar para ganarnos la casita, para colmo, en el último minuto otra oferta apareció.

Habíamos estado buscando casas durante 3 semanas aproximadamente y esta fue la segunda presentación de oferta en la que estaban participando. Unos días antes, cuando les mostraba una casa, conocimos otro agente de bienes raíces y como hablaba español entablamos conversación, y así nos percatamos de que tanto él como sus clientes se quejaban porque habían estado buscando una casa desde hacía unos 3 meses. En ese momento ya habían perdido 19 ofertas. Me quedé perplejo puesto que mi promedio, en aquel mercado de vendedores del 2017 (en el área de Toronto y alrededores) donde la mayoría de las casas se vendían con ofertas múltiples, era de 3 o 4 ofertas como máximo antes de ganar una casa para mis clientes. Este agente no era nuevo, pero supongo que le había sido difícil adaptarse a las nuevas condiciones del mercado inmobiliario en un momento en que había más compradores que vendedores.

Siempre hablo de lo importante que es tener un agente con experiencia a su lado que le ayude con la compra; sin embargo, a veces los agentes con mucha experiencia se acostumbran a hacer las cosas de una manera diferente y es difícil para ellos adaptarse y desarrollar nuevas habilidades.

Tengo algunos colegas que han estado en el negocio durante más de 30 años, pero ni siquiera saben cómo utilizar un ordenador. ¿Cómo obtienen los clientes? De la misma manera que lo hicieron hace 25 años.

En la profesión de bienes raíces, como en cualquier otra, los practicantes tienen que evolucionar y dejar de pensar que técnicas como tocar puertas y llamar desconocidos van a funcionar para siempre.

He estado presenciando muchas ofertas múltiples, desde ambos lados, del vendedor y del comprador, y siempre me percato de cómo muchos vendedores pierden dinero por no tener un buen negociador como agente y cómo muchos compradores pagan más de lo que deberían debido a la desesperación de su agente de bienes raíces de cerrar la transacción, además de que muchos agentes, no tienen idea de cómo competir en las nuevas condiciones del mercado.

No hace mucho estaban presentando una oferta y había 11 agentes intentando comprar la misma casa. Muchos de los compradores estaban allí, pero su agente no les había informado qué era lo que debían esperar, por lo que estaban molestos: el precio era de $399.999 y ellos esperaban comprar la casa por menos que eso. La casa se vendió por $449.000, que era el precio real de la vivienda. Simplemente, el agente del vendedor había utilizado la estrategia de colocar un precio bajo para atraer más ofertas y realmente en este caso los compradores no estaban pagando $50.000 más que el precio real de la casa, sino $50.000 más que lo que pedía el vendedor, lo cual no era realmente lo que el vendedor estaba dispuesto a aceptar.

Esta oferta la gané para mis clientes, y cuando tuvimos la posibilidad de conversar con el agente del vendedor y el vendedor para finalizar los papeles, me comentaron que al menos 6 de los agentes que habían presentado ofertas no sabían ni cómo presentar una oferta, que habían hecho un papel muy pobre y que además las ofertas tenían un sin número de errores que solo atemorizaban a la agente del vendedor y los hacía aconsejar a su cliente en contra de estas ofertas.

Ahí supe que había otra oferta que era ligeramente más alta que la de mis clientes, pero la mía fue aceptada por que el otro agente la había enviado por correo electrónico, le faltó la parte emocional, no estuvo presente, por lo que no le daba la misma seguridad al vendedor y a su agente.

En otra ocasión le estaba vendiendo una casa a un cliente y teníamos 9 ofertas. Para mi sorpresa, algunos de los agentes eran tan petulantes o inexpertos que me hacían dudar de que sus clientes realmente tuvieran el dinero para comprar la casa. Algunos ofrecían cantidades exorbitantes de dinero, presionando a sus clientes para ganarse su comisión de manera atemorizante.

En más de una oportunidad he vendido una casa, de algunos de mis clientes, a uno de esto sin escrupulosos agentes que presionan a su comprador para que pague más que el valor real de la propiedad y el comprador ha cambiado de opinión el día después, haciendo perder el tiempo a mis clientes, y en ocasiones hasta arriesgando el dinero del depósito del comprador que ya había sido entregado junto con la oferta.

En la negociación de las ofertas múltiples existe un factor emocional, psicológico y humano que algunos tienden a olvidar y esta es la razón por lo que no son buenos negociadores. Legalmente, el agente que representa a los vendedores no puede dar información acerca de las otras ofertas; pero hay muchas formas de ayudar al agente que parece ser la mejor opción para los vendedores, sin dar esta información.

Recuerdo una ocasión en que gané una casa para mis clientes en una oferta múltiple por el solo hecho de que yo había sido más carismático y agradable que el otro agente. Las dos ofertas eran iguales y el dueño de la casa le preguntó a la hija de 14 años, que había estado presente en las visitas a la casa, cuál prefería y ella me eligió a mí porque yo le había caído mejor.

Es por eso que no entiendo cómo algunos agentes son francamente desagradables al momento de presentar una oferta. Olvidan que están representando a sus clientes.

En otra ocasión habíamos perdido la oferta ante otro comprador que había superado la nuestra por $20,000 y antes de irme le comenté al agente que tuviera cuidado con la estimación de la casa por el banco, porque pudiera ser que no le aprobaran la hipoteca al otro comprador, aunque estuviera pre aprobado. El agente del vendedor, que tenía experiencia, sabía que yo tenía razón y yo utilicé el hecho de que el otro agente, el del comprador que había ganado la casa, parecía ser nuevo e inexperto. Me fui con mis clientes y 25 minutos más tarde me llamó el agente del vendedor para decirme que sus clientes habían cambiado de opinión y que querían aceptar la oferta de mis clientes.

En las ofertas múltiples los vendedores y sus agentes siempre buscamos la oferta con el mayor dinero y la menor cantidad de condiciones; pero sobre todo lo que estamos buscando es la seguridad de que la casa se va a vender. Por esto preferimos que no haya condiciones, para evitar que el comprador cambie de opinión después y para estar seguros de que su financiamiento está bien. De nada vale una oferta mayor que no se puede concretar por mal trabajo del agente inmobiliario o porque simplemente el comprador potencial no consigue la hipoteca para la propiedad.

Esta seguridad que buscamos la ofrece también el agente de bienes raíces con su presentación: debe demostrar seguridad, conocimiento y confianza en sus compradores. En ocasiones, el agente te miente, diciendo que su cliente esta precalificado financieramente y cuando sigues preguntando te percatas de que el agente no domina la información financiera del comprador, por lo que no tiene idea de si pueden comprar la casa o no.

En otras ocasiones el otro agente puede conocer la información, pero la manera de presentarla no da confianza.

Una vez estaba en una presentación de una oferta en Vaughan, había 7 ofertas más y estuvimos muchas horas en la presentación. Yo no conocía a la agente, pero comenzó a ayudarme a mí y a mis clientes de manera sutil, sin decir la naturaleza de las otras ofertas. Al final mis clientes hicieron un esfuerzo y llamaron a los padres por apoyo financiero, lograron subir la oferta y ganamos la casa.

Cuando le agradecí el agente me dijo que tanto sus vendedores como ella querían que la oferta ganadora fuera la nuestra porque se sentían más seguros con nosotros ya que las mejores ofertas que competían con nosotros, en precio y condiciones, habían sido pobremente presentadas y hasta con errores en la oferta; por lo que ellos temían que estos agentes inexpertos les hicieran perder el tiempo.

En mi compañía, *Real Estate Advisors*, cuando un agente recién estrenado tiene que presentar una de estas ofertas, uno de los que tenemos más experiencia vamos con él o ella a la negociación, esto hace inclinar la balanza en cierta medida hacia nuestros clientes y le sirve de entrenamiento al nuevo agente.

En cuanto a mis clientes Bladimir y Lázara, la historia terminó así:

Sí, logramos comprar la casa a pesar de tener otra oferta $15.000 mayor que la nuestra. (Lo vi después de que compramos la vivienda).

¿Cómo lo hice?

Fue una combinación de psicología, programación neurolingüística, conocimientos de negociación adquiridos por la experiencia, acrecentados por mi actitud de nunca dejar de aprender, mezclado con algunos secretos extraídos de los cientos de libros que he leído en mi vida, sumándoles además algunos chistes de sabor cubano y un deseo sincero de ayudar a mis clientes.

Inspección de la casa

No quiero olvidar hablar de este tema que es de gran importancia.

Una de las condiciones que entra en desuso, cuando estamos en un mercado de vendedores saturado con ofer-

113

tas múltiples, es la inspección de la casa, debido a lo que comentaba anteriormente de que en las ofertas múltiples lo más importante para ganar es ofrecer más dinero y tener menos condiciones. Por lo cual la condición de inspección es la primera que se elimina a pesar de su gran importancia. Existen diferentes opciones para enfrentar esta situación:

Una de ellas es hacer una preinspección de la casa; o sea, volver a la casa que le gusta, antes de la presentación de la oferta y llevar un inspector de casas que haga una inspección y le diga los posibles problemas que la propiedad puede tener. Esto tiene un inconveniente y es que cada vez que haga una inspección en una casa que puede no llegar a comprar, ya que otra oferta fue la ganadora, estaría pagando la inspección. He visto casos de personas que han colocado ofertas en 6, 7 o más propiedades antes de comprar una casa: a esto le sumaríamos las casas que debido al resultado de la inspección ya no desean comprar. Yo aconsejaría hacer esta preinspección solo cuando usted está seguro de que desea ofertar lo máximo posible para obtener esa casa en una oferta múltiple.

Otra opción que brindo a mis clientes es la de comprarles un «Home Warranty», o «Garantía de la propiedad» que les comenté en el capítulo del enfoque emocional; recuerden que es una especie de seguro que cubre muchos de los elementos que se pueden romper en el primer año, como la calefacción, el aire acondicionado, salideros en el techo o problemas eléctricos, entre otros.

De esta manera mis clientes están en una buena posición de ganar la casa, ya que la oferta no es condicional a la inspección de la casa, y no están totalmente indefensos ante problemas que puedan surgir en el primer año después de comprarla. Esto no sustituye una buena inspección de la casa, pero al menos es algo para lidiar con la situación de una manera más efectiva.

Muchos de mis clientes escogen hacer un reconocimiento del inmueble, aunque no sea una condición del contrato, solo para conocer acerca de sus condiciones y saber qué acciones deben acometerse en un futuro.

XIV. Por qué muchos detestan a los agentes de bienes raíces

...y cómo los entrenamientos más comunes de bienes raíces han destruido la reputación de la industria.

¡Yo detesto a los agentes de bienes raíces!

Un fin de semana estaba mostrando propiedades a mis nuevos clientes Patricia y Ricardo en Mississauga. Les gustó la última propiedad que estábamos visitando y conversábamos fuera de la propiedad sobre la posibilidad de presentar o no una oferta. Era la primera vez que les mostraba casas y yo quería que ellos visitaran más propiedades antes de tomar una decisión final.

De repente, un coche se detuvo cerca de nosotros y una mujer que conducía me preguntó si había una «Casa Abierta» *(Open House)* para mostrar la propiedad.

—No, no hay una *Open House* en esta propiedad en este momento –repliqué.

—Estoy buscando una casa en este barrio y estoy en busca de *Open Houses* —me dijo.

— ¿Por qué no se contrata a un agente inmobiliario que le muestre todas las casas para la venta, y no sólo los que tienen casas abiertas, y ayudarle con su compra ... —le aconsejé?

Y fue entonces cuando esa mujer comenzó a gritar que no estaba utilizando a ningún agente de bienes raíces para comprar su casa porque:

— ¡Los detesto! He tenido muy malas experiencias en el pasado con agentes…Ninguno sirve, ¡todos son deshonestos!

Por supuesto, después de esto no quise decirle que yo era uno de ellos, y no creí que fuera apropiado ponerme a explicarle nada ya que la señora estaba bastante descompuesta.

Además, tenía trabajo que hacer con mis clientes.

Ella había estado llamando a todos los agentes de bienes raíces que veía en las señales de venta para preguntarles cuándo tenían *Open Houses* para ir a ver las casas y en caso de que le gustara alguna poner una oferta a través de ellos y de su abogado, según ella… para evitar el contacto con cualquier agente de bienes raíces.

Me dio pena por esa mujer que había tenido malas experiencias con agentes, como muchos otros. Pero también pensé que uno se encuentra personas deshonestas en todas las profesiones, sean abogados, dentistas, contratista de obras, etc. y no por eso deja de utilizarlos. Uno trata de encontrar uno que sea íntegro y honesto y cuando logra encontrarlo sigue utilizando sus servicios para toda la vida. En 2016, en los EUA, la Asociación Nacional de Realtors (NAR, por sus siglas en inglés) publicó el reporte de 163 páginas titulado The Danger Report («El reporte de peligros»), consistente en enunciar los principales peligros por los que atraviesa la industria de bienes raíces, y su existencia a largo plazo. De acuerdo con este reporte la industria, con respecto a los agentes de bienes raíces, continúa deteriorándose. La amenaza número uno en esta lista es que "La industria de bienes raíces está plagada por un gran número de agentes que trabajan a tiempo parcial, sin entrenamiento, sin ética y/o agentes incompetentes y esto amenaza la credibilidad de la industria de bienes raíces».

La Asociación Canadiense de Bienes Raíces también ha publicado un Danger Report de 73 páginas, enunciando los principales peligros que amenazan la supervivencia de la industria de bienes raíces en el país. Aquí enuncia el exceso de comoditización de los servicios de los agentes en la nueva era de la información, donde ellos necesitan ser elevados a un nivel más profesional para sobrevivir. Solamente agregando más valor a sus servicios pueden mantenerse con una buena cartera de clientes. El reporte indica también la necesidad imperiosa de un nuevo modelo de negocios para la industria de bienes raíces.

En estudios recientes se demuestra que, de acuerdo con el resultado de algunas investigaciones, los agentes de bienes raíces se encuentran dentro de las profesiones menos confiables en EUA y Canadá. De acuerdo a una encuesta realizada por *Reader'sDigest,* en Canadá los agentes de bienes raíces están en el número 5 de las profesiones menos confiables. En EUA, los agentes de bienes raíces están en el número 3 donde solo *tele-marketers* y vendedores de carros usados los superan. Incluso en Australia, según una encuesta de Roy Morgan *(Image of Professions),* los agentes de bienes raíces se encuentran dentro de las 3 profesiones menos confiables. Esto se repite en la mayoría de los países.

Causas de la mala reputación de los agentes de bienes raíces.

Ahora veamos las causas de esta mala reputación.

En primer lugar, hablemos de «cuán difícil» es obtener la licencia de bienes raíces. En EUA los cursos difieren de acuerdo con el estado, pero no es más que unas pocas semanas, por lo general. En Canadá normalmente eran entre 6 y 8 meses, si les dedicabas tiempo, y últimamente han incrementado los requisitos y los cursos para que los agentes salgan con una mayor preparación.

Estos cursos te dan una base sólida de regulaciones que debes cumplir y aspectos generales de los bienes raíces, historia, etc. Te enseñan las regulaciones del código de ética y elementos generales de tipos de construcción, casas, etc.

En estos cursos no te enseñan cómo conseguir clientes, tratando tu profesión como un negocio y no como un trabajo. (Tampoco creo que le enseñen mucho *marketing*, a los médicos y a los abogados y no he visto a ninguno tocando puertas para ofrecer sus servicios).

Uno de los requisitos para poder trabajar como agente inmobiliario es asociarte con una oficina de bienes raíces o *Brokerage*.

Cuando das tus primeros pasos, escoges las oficinas donde quieres trabajar, donde el que entrevista en las oficinas es el agente. Estas oficinas no priorizan la calidad del personal, simplemente te decides por una y comienzas a trabajar allí. Normalmente te dan algún tipo de entrenamiento para buscar clientes. La mayoría de estos entrenamientos están relacionados con inculcarte una sólida cultura de ventas, basada mayormente en acosar personas para encontrar clientes.

Una de las técnicas más novedosas utilizada en la era de la información para los realtors es: «tocar puertas a desconocidos». Por supuesto que no tiene nada de novedosa esta técnica y tengo entendido que los hombres primitivos no la utilizaban porque no había puertas en las cuevas en que vivían.

Existen entrenadores bien famosos en la industria que te enseñan cómo hacerlo de la manera más productiva, te enseñan scripts y técnicas como decir que tienen un comprador para su casa, o que eres su especialista en el área y solo tocaste su puerta y lo hiciste salir del baño o interrumpiste su cena para saludarlo.

Hace unos años, acabado de mudarme de nuestro primer apartamento para una casita, estaba viendo una muy buena película con mis tres niños y mi esposa, y en una de las partes más interesantes del filme sentí que tocaban la puerta. Yo estaba en el tercer piso de mi casa, pero asumí que debía ser algo importante, tal vez mi vecino necesitaba ayuda con algo o había algún problema. Cuál fue mi sorpresa cuando me encontré a un señor comentándome que solo quería saludar y preguntarme, de paso, si quería vender mi casa…Inicialmente me pareció gracioso (yo también era realtor desde hacía unos años) pero cuando sucedió por tercera vez en una semana me comenzó a molestar, sinceramente.

Entonces comencé a comprender por qué muchas personas detestan a los agentes inmobiliarios.

Cuando había acabado de obtener mi licencia de agente de bienes raíces, comencé a asistir a cursos de entrenamiento impartidos por diferentes instructores que tenían su propio estilo y versión de cómo ser exitoso en la carrera de los bienes raíces.

Recuerdo como uno de ellos nos mostraba cómo muchos agentes de bienes raíces podían conseguir clientes hostigando al público en general de diferentes maneras, como esa de la cual les hablé anteriormente.

La primera técnica era tocar las puertas de casas de desconocidos en determinadas áreas, por horas, todos los días, con un guion que había que aprenderse de memoria y soportar las negativas y rechazos de las personas, molestas por la solicitud para vender su casa, mintiéndoles, en algunos casos, diciendo que tenían ya un comprador, o alguna otra variante con el mismo fin. Decían que uno debería endurecerse para soportar el rechazo y seguir adelante hostigando al próximo vecino. De esta manera íbamos a ser ricos muy pronto. La tasa de efectividad era que por cada 100 vecinos hostigados, 1 o 2 estaban pensando en vender su casa; por lo tanto, existía una transacción posible. Estos instructores te vendían un paquete, que incluía un entrenador que contactaba regularmente a los agentes de bienes raíces para presionarlos para que cumplieran con su plan de tocar cierto número de puertas al día, conversar con determinado número de personas y lograr la mayor cantidad de citas con clientes.

La segunda forma era la que conocemos como «cold call»; o sea, telemarketing. Otra manera de hostigar a los propietarios de casas. Según los entrenadores, la mejor hora de llamar era entre las 7:00 y las 9:00 am para atrapar a los posibles vendedores antes de ir al trabajo. También tenían guiones extensos que uno tenía que seguir para lograr entablar una conversación, acosar al propietario e intentar convencerlo de que ese era un buen momento para vender su casa. El objetivo fundamental era lograr una cita y seguir los diálogos aprendidos para intentar listar la casa a cualquier precio.

Estos entrenadores enfatizaban que el trabajo de un agente de bienes raíces es prospectar; o sea, buscar posibles clientes acosando potenciales compradores y vendedores, entregándoles tarjetas de presentación, llamando por teléfono o tocando puertas a desconocidos. También incluían dentro de su plan llamar a amigos y familiares y pedirles que les refirieran clientes. La peor parte de esto es que te alentaban con frases como… «No aceptes un no como respuesta». Al inicio del capítulo comentaba que de acuerdo con las encuestas el *telemarketing* era una de las profesiones menos confiables para el público, seguida por los vendedores de carros y los agentes de bienes raíces. Pues bien: estos entrenadores tenían la brillante idea de que los agentes bajaran su categoría a *telemarketers* para así tener una exitosa carrera de mala reputación. De todas formas, bajar un par de escalones en la escala de profesiones menos confiadas no debe afectar mucho ¿verdad?

Hace poco leía un libro de entrenamiento para *realtors* que hablaba de lo que debería hacer una gente de bienes raíces cuando estaba tocando puertas en un área y se encontraba con un cartel que decía *«No agents, No soliciting»*, y al final del artículo decía que un realtor respetuoso acataba la señal y no tocaba esa puerta, pero que un buen realtor ignoraba la señal y cerraba una transacción».

En otras palabras, decía que el respeto por los demás no es algo importante: lo único que importa es cerrar la transacción y cobrar tu comisión. El problema fundamental de este tipo de enfoque es que se centra solamente en el número de transacciones, cantidad de citas con clientes y casas vendidas. En ningún momento habla de ayudar al cliente de manera honesta y profesional, solo enseña a convencer al cliente para que venda lo antes posible «no aceptando un no como respuesta».

Existe un refrán en *marketing* que dice que los amateurs se focalizan en el número de transacciones y los profesionales, por otro lado, se focalizan en el número de relaciones. **Esos entrenadores nunca aprendieron esto.**

Hace pocos días, la lectura de un artículo me puso sobre la pista de una señora, ya entrada en años, en los Estados Unidos, que estaba vendiendo su casa y su listado expiró; pues bien, recibió cerca de 80 llamadas de agentes de bienes raíces intentando listar su casa en el primer día. La señora puso una denuncia por acoso y fue entrevistada por un canal de televisión en el cual declaró sentirse desesperada y con ganas de llorar ya que el teléfono no paraba de sonar, y su buzón de teléfonos se llenó rápidamente de mensajes de realtors intentando listar su casa. Su teléfono fue inutilizado por horas, debido a llamadas ininterrumpidas de agentes desesperados por obtener el listado de su casa. Posiblemente todos asistieron al mismo entrenamiento.

En mi opinión, es bien difícil lograr convencer a alguien de que un agente determinado es capaz de llevar a cabo un sólido plan de marketing capaz de vender una casa por la mayor cantidad de dinero si el plan de marketing que utiliza para obtener clientes se basa en acosar desconocidos llamando por teléfono y tocando puertas. Simplemente no es coherente.

Por supuesto que después, en la entrevista con el posible vendedor, este agente le hará una presentación enlatada vendiéndole una gran exposición online para su propiedad, digna de un gurú del marketing; enumerando también la cantidad de casas que ha vendido y su enorme experiencia en el campo. Usted debería preguntarse: «Si es tan bueno, ¿por qué los referidos de todos sus clientes felices no lo mantienen ocupado y todavía tiene que tocar puertas y llamar a desconocidos por teléfono?».

Este tipo de agente se focaliza en el número de transacciones y no en el número de relaciones personales hechas; y no tiene tiempo para brindar un servicio profesional, personalizado, exclusivo, por lo cual siempre necesita seguir tocando puertas y llamando por teléfono a desconocidos: porque a pesar de que algunos de ellos logran cerrar un gran número de transacciones no establecen una relación sólida con sus clientes y por lo tanto no reciben muchos referidos de ellos. Algunos le dicen que el 80% de su negocio es por referencias, porque esto suena bien, no porque sea verdad. Muchos de estos se quedan tiesos ante el pedido de que muestre los testimonios de sus clientes.

Es por esto que nunca debe pensar que porque un agente venda muchas casas ello significa que es el mejor agente para usted, ya que no siempre estas casas son vendidas al mayor precio posible y el servicio muchas veces no es el mejor. Desconfíe de los que tienen que acosarlo para lograr su negocio, porque siempre hay una razón por la cual no tienen suficientes clientes y no tienen una mejor vía de conseguirlos.

De una manera o de otra, el público ha comenzado a reaccionar ante estos acosos de los agentes de bienes raíces.

Por favor, lea este fragmento del periódico *The Globe and Mail:* «Los concejales en varias ciudades de Ontario están pidiendo a la provincia prohibir la venta puerta a puerta en el sector de los servicios, una práctica que dicen las víctimas que atenta contra los residentes…El movimiento ya ha conseguido el apoyo de los concejales en Markham, Hamilton y Niágara».

Más noticias: «Más de dos tercios de los canadienses dice que los vendedores de puerta a puerta son agresivos, incluso cuando los propietarios afirman claramente que no están interesados en lo que se vende, según una encuesta de CBC. El sondeo, encargado por CBC acerca del mercado, que ha estudiado las actitudes de más de 1.000 personas; también encontró que la mitad de los canadienses considera a los vendedores puerta a puerta, intimidantes. Las mujeres tienen más probabilidades de encontrar estas tácticas de venta agresivas e intimidantes que los hombres». Lea ahora lo que sucede en una pequeña ciudad de

Nueva Jersey, tomado de la Revista *Housingwire*:

«Los residentes de un barrio en Toms River, Nueva Jersey, están tan cansados de ser acosados constantemente por los agentes de bienes raíces que van de puerta en puerta ofreciendo sus servicios de venta y compra de casas que están presionando para que una nueva ley prohíba que los agentes de bienes raíces toquen puertas ofreciendo sus servicios en el pueblo.

De acuerdo con un informe de la *Asbury Park Press*, el barrio de Toms River del norte, Dover, está inundado con agentes de bienes raíces "agresivos" que tocan varias veces en las puertas de la gente preguntándoles si desean vender sus casas.

Y actualmente la situación ha empeorado tanto que los líderes de la ciudad están considerando la prohibición de este modo de ofrecer servicios de bienes raíces por 5 años. La ciudad aprobó restricciones estrictas sobre la solicitación de bienes raíces en noviembre, pero la ciudad está considerando la prohibición de solicitación de bienes raíces por completo gracias a algunas prácticas demasiado agresivas de agentes.

¿Cree usted que esto ayuda a la buena reputación de industria de bienes raíces? Dígame qué piensa usted de esta última noticia.

Siempre he creído que hostigar a las personas para obtener un negocio no es la manera correcta, pero hostigar a alguien después que alguien fallece para obtener el listado de su casa, me parece demasiado.

Noticia de *Global News*:

«Una mujer de Surrey se sintió ultrajada cuando un par de agentes de bienes raíces enviaron una tarjeta de simpatía a su padre, acabado de enviudar, ofreciéndole sus servicios, solo tres semanas después de la muerte de su esposa. Abajo lo que dice la tarjeta.

"Dear Mr. Smith,

So sorry to hear of your wife's passing.

Please let us know if we can help in any way with your real estate needs when the time is right.

Thanks"

La traducción de la carta es:

«Estimado Mr. Smith:

Sentimos mucho habernos enterado del fallecimiento de su esposa.

Por favor, háganos saber si podemos ayudar de alguna manera con sus necesidades de bienes raíces cuando el momento llegue.

Gracias».

Launi Smith Bowie posteó su frustración en Facebook diciendo: «¿En qué planeta alguien puede pensar que esto es ético o incluso remotamente aceptable?».

Noticias como estas no ayudan a la reputación de los agentes de bienes raíces.

La desesperación de algunos agentes al conocer esta única vía de buscar clientes: así como de otros agentes, al tomar el camino más fácil, el que no incluye leer libros, aprender marketing o cómo manejar un negocio, lleva a muchos agentes inmobiliarios a convertirse en plagas hostigando personas, tocando puertas o llamándolas por teléfono en busca de comisiones para pagar sus cuentas.

Programas como «El programa garantizado de ventas, que vende su casa en 30 días o la compraré por dinero en efectivo» y otras variantes y que incluyen–en la letra pequeña del contrato– que comprarían la casa en un 20% menos del valor del mercado, son una vergüenza para la profesión inmobiliaria.

En mi opinión, los entrenamientos más populares convierten a los agentes de bienes raíces en *telemarketers*, o vendedores de baja estirpe sin respeto por el consumidor en lo absoluto, solamente focalizados en cerrar transacciones. Y, por consiguiente, para el público la comisión de un agente de bienes raíces es muy alta comparada con la labor de tocar puertas, acosar personas por teléfono, o llamar a amigos y familiares todos los meses, pidiéndoles referencias. Este es, en mi opinión, uno de los peligros más grandes que enfrenta la industria de bienes raíces.

Estamos en una nueva era, la era de la información. Deje de pensar que el tipo que está tocando su puerta o acosándolo por teléfono es un profesional de bienes raíces conocedor de cómo hacer la publicidad de su casa en internet o cómo aplicar conocimientos de marketing para atraer más compradores y vender su casa por más dinero.

Algunas historias personales de horror

No solo los inexpertos se desesperan... ¿O esto es codicia?

El desconocimiento es algo que se puede tolerar, porque los cursos de bienes raíces solo enseñan regulaciones y aspectos generales de los bienes raíces, no enseñan cómo negociar o presentar una oferta para comprar una casa y solo enseñan a vender una casa poniéndola en el MLS. Los estudios te dan un 15% del conocimiento necesario para ayudar a un cliente en una transacción y una licencia para aprender sobre la marcha.

Pero es bien molesto encontrar agentes con experiencia y con falta de ética y profesionalidad. Anteriormente he hablado sobre los agentes nuevos y cómo su inexperiencia o su desesperación por cerrar una transacción, los hacen tomar acciones en contra de sus clientes, generalmente faltas de ética.

A continuación, les haré algunas historias personales sobre agentes que con más de 10 o 20 años de experiencia se aprovechan de esta experiencia y/o reputación para engañar a sus clientes. Algunos de ellos son tan famosos que sus historias de acciones sin ética son populares en el medio.

1. A veces la publicidad engaña

En una ocasión recibí una llamada de una persona que estaba intentando comprar una casa. Cuando respondió me comentó que un amigo le había dado mi teléfono porque necesitaba una segunda opinión sobre su compra y me contó que tenía un agente de bienes raíces que lo había hecho comprar una casa sin haberle hecho la precalificación financiera, por lo que ahora el banco no le quería dar el préstamo para la compra.

Yo le pregunté si habían colocado la condición de financiamiento en el contrato de compra y venta de la casa y me dijo que sí, pero que el agente le había dicho que no había problema y que firmara, por lo que lo firmó, confiando en su agente y en aquel momento se encontraba ante un gran problema, porque el banco no le daba el dinero.

Yo supuse que había escogido a un agente sin mucho conocimiento, pero con gran asombro descubrí, al preguntar quién era su agente, un realtor con más de 20 años de experiencia y salía todos los días en la TV anunciándose, y que simplemente había actuado confiando en que su cliente podría conseguir más dinero pidiéndolo prestado a su familia para no ser demandado por el vendedor y así salir del problema.

Por supuesto no había nada que se pudiera hacer. Al final, el comprador tuvo que sacar el dinero de abajo de la tierra, endeudando a parientes y amigos para no terminar perdiendo más dinero.

Parece que era una práctica habitual de este agente, que inunda la TV latina con sus anuncios de publicidad diseñada para atraer clientes y que se aprovecha de la confianza depositada en él. Lo mismo le había pasado a otro de los conocidos de este señor.

La moraleja es que el hecho de contratar a un agente con experiencia no es garantía de honestidad, y es una verdadera vergüenza que algunos colegas archiconocidos destrocen nuestra reputación.

2. Ser famoso no es lo mismo que ser honesto.

En otra oportunidad me llamó una persona, referida por un cliente mío, que estaba utilizando los servicios de uno de los agentes de bienes raíces más famosos para vender su casa y estaba preocupado porque no progresaba la operación. Yo le pregunté la dirección de su casa y cuando revisé el listado en MLS me di cuenta de que la casa no tenía fotos del interior, solo del exterior, y el listado decía que no tenía garaje cuando realmente tenía uno. Cuando se lo comenté me dijo que el agente había traído camarógrafos y fotógrafos y habían tomado muchas fotos… Yo asumí que simplemente habían olvidado poner las fotos.

Un tiempo después, enseñando una casa que mis clientes no querían ver porque no tenía imágenes, pero que igual visitamos porque los convencí explicándoles que íbamos a ver otra muy cerca de allí, me percato de que era el mismo agente falto de ética al cual me referí en el párrafo anterior. Casualmente, el vendedor estaba en la casa en cuestión así que le pregunté por qué no tenían fotos y me hizo la misma historia: que habían tomado fotos y videos de la casa…que no sabían por qué no estaban en el MLS.

La persona que me había llamado, referida por mi cliente, no era muy ducha en internet y no revisó su listado, no sabía ni cómo hacerlo, y firmó todo lo que le dieron confiando en su experto y famoso agente. Investigando un poco más encontré que el agente sin ética estaba publicitando las fotos y los videos en su sitio web personal con la idea de encontrar un comprador por sus medios y así ganar comisión doble. No ponía las fotos en el MLS para que no vinieran tantos compradores a ver la casa y no tener que compartir la comisión con otro agente de bienes raíces, aunque eso afectara la posibilidad de vender la casa más rápido y por más dinero para su cliente.

Para colmo, los clientes pensaron que habían firmado un listado por dos meses y les habían hecho firmar un contrato por seis. Estas personas hablaban español, pero no hablaban inglés muy bien, por lo que no sabían exactamente lo que estaban firmando.

3. No todos quedan impunes

También está registrado el caso de otro agente sin ética que falsificó documentos como el Buyer Representation Agreement (Acuerdo de representación de compradores) (BRA por sus siglas en Ingles) llevado por su desesperación. Este agente fue llevado a la Corte y sancionado, de acuerdo con lo que me comentaron los clientes.

Existe una comisión disciplinaria en Ontario y en diferentes estados de Estados Unidos que ventilan las denuncias que se hacen a los agentes de bienes raíces, imponiendo multas o hasta suspendiendo la licencia de los agentes que actúan sin respetar el código de ética. Lamentablemente, muchas de estas acciones inmorales nunca son denunciadas y castigadas.

4. Estaba tan desesperado que trató de sobornarme

¡Otro agente trató de sobornarme!

Sí, eso es cierto y me ocurrió una vez. Es increíble, pero otro agente estaba tratando de sobornarme.

Aquel fin de semana tuve una presentación de una oferta para una casa que estaba vendiéndole a mis clientes. Tenía oferta múltiple como solía suceder en 2016-2017 en cualquier propiedad bien preparada para la venta en Toronto. Mis clientes habían estado trabajando duro para que su hogar reluciera.

Cuando yo estaba revisando las ofertas para presentarlas a mis clientes, recibo una llamada de uno de los agentes que había enviado su oferta. El pobre estaba tan desesperado que me ofreció $500 de su comisión si mis clientes aceptaban la oferta de sus clientes. Yo no sabía qué respondería eso y pensé que no había oído bien, así que me mantuve en silencio por un momento y el agente repitió de nuevo:

—Te daré $500 de mi comisión si tus clientes aceptan la oferta de los míos.

Le respondí que yo no soy el que acepta las ofertas mi trabajo es presentar todas las ofertas a mis clientes y darles consejo acerca de qué es lo que les conviene a ellos, la mejor oferta era la que sería aceptada y le aconsejé que les diera el dinero a los suyos para mejorar su oferta.

El otro agente estaba un poco nervioso con mi respuesta y comenzó explicando que él no quería que yo hiciera nada ilegal. Lo corté y me fui a trabajar con las otras ofertas que tenía en la mesa.

Cuando estaba revisando su oferta, más tarde, me di cuenta de que no estaba hecha profesionalmente y tenía algunos errores, que mostraba la falta de experiencia de este agente; así que mi consejo a mis clientes fue…

—No me gusta este agente, la oferta no es profesional, su actuar no es profesional y estuvo tratando de sobornarme para que los convenciera de que aceptaran su oferta; por lo cual –incluso si su oferta fuera la mejor–les estoy advirtiendo en contra de esta. Cuando se trata de alguien que no es profesional, la mayoría de las veces sus clientes ni siquiera tienen el dinero para comprar la casa o no han hecho la precalificación financiera todavía y es posible que nos hagan perder el tiempo.

Por supuesto, su oferta no fue aceptada y decidimos trabajar con otro agente.

Era la primera vez que me sucedía algo así. Es difícil de creer que algunos agentes estén tan desesperados que estén dispuestos a cruzar cualquier límite para obtener su cheque de comisión. Me pregunto si este era el actuar normal de este agente y si le había funcionado alguna otra vez. Me repugna la idea de ver a un agente de bienes raíces convenciendo a sus clientes en contra del mejor interés de estos para ganarse $500.00dólares.

Elija con cuidado al agente que va a representarlo a usted al momento de comprar una casa. Ya que como dice la palabra, esta persona estará representándolo. Alguien que esté tan desesperado por ganarse su comisión será capaz de engañarlo a usted y no solo eso: su desesperación le hará hacer cosas que van en contra suya y de su oferta.

La estimación del valor de su casa por el banco

Hace un tiempo atrás yo estaba en el gimnasio conversando con otra persona con quien había coincidido varias veces en mi visita matutina al gimnasio, que también es agente de bienes raíces, y comenzamos a hablar de nuestros entrenamientos físicos; al final de la plática el tema de bienes raíces surgió naturalmente y mi amigo comenzó a quejarse de lo qué le había ocurrido en sus últimas dos transacciones: La estimación que realizó el banco, como requisito para prestar el dinero para la hipoteca, en las últimas casas que había vendido para sus clientes, venían con un precio más bajo del que los compradores pagaron por la casa en el calor de una batalla de ofertas múltiples y esto le estaba trayendo como consecuencia que dichas transacciones no estuvieran cerrando porque el banco no les daba la hipoteca de la casa.

Mi amigo me contó que se encontraba vendiendo la casa, representando al vendedor, y algunos de los agentes que representaban a los compradores en el medio del calor de la oferta múltiple, comenzaron a incrementar sus ofertas cada vez más, para regocijo de los vendedores, sus clientes, y llegaron a pagar mucho más del valor real de la casa. Como de costumbre, la mayor oferta fue aceptada y cuando se realizó la estimación de la casa por parte del banco para evaluar el valor del inmueble y hacer el préstamo para la hipoteca de la propiedad; esta llegó con un precio más bajo y el banco no quería continuar con la financiación a menos que los compradores hicieran un pago inicial más alto. Esto no siempre es posible para los compradores, y en estos casos la transacción se desmorona.

Recuerdo lo que me sucedió hace unos meses atrás cuando estaba vendiéndole la casa a uno de mis clientes. Había recibido 3 ofertas y una de ellas ofrecía un precio tan alto que advertí a mis clientes al respecto, ya que me parecía exagerado. De todos modos, asumieron el riesgo y aceptaron la oferta. El día después el agente no apareció con el dinero del depósito y me llamó para disculparse porque sus compradores tuvieron remordimientos y no querían seguir adelante con la compra. Se dieron cuenta de que su agente estaba haciendo que pagaran demasiado por la casa para asegurar e incrementar su comisión.

En una situación de ofertas múltiples es importante tener un agente del comprador a su lado, capaz de ayudarle a no pagar de más por una casa, que proteja su interés sin pensar solamente en la comisión potencial que está perdiendo. No todos los agentes son iguales.

Su tarea es buscar a uno que sea honesto, encontrarlo y seguir con él el resto de su vida.

XV. Financiando su casa

Actualmente, el principal objetivo de los bancos no es guardar de manera segura nuestro dinero, si no ver de qué manera nos pueden quitar más dinero.

No crea todo lo que el banco le diga

Muchos tenemos tendencia a confiar en lo que la persona que trabaja en el banco nos dice. Las grandes oficinas con vidrios, los empleados bien vestidos, el andar profesional y el hecho de que los bancos fueron creados para confiarles nuestro dinero, nos ayudan a ser engañados más fácilmente.

Hace algún tiempo estaba trabajando con una familia que quería comprar su primera casa. Me reuní con ellos inicialmente para explicarles todo el proceso de compra y les aconsejé tener listo el dinero para el depósito, que tiene que ser pagado con un cheque certificado o una letra de cambio 24 horas después de la aceptación de la oferta. Ellos tenían su dinero en inversiones, así que tuvieron que ir al banco a transferir el dinero a una cuenta de más fácil acceso para tenerlo listo.

Al día siguiente me llamaron diciéndome que el banco les aconsejaba que transfirieran el dinero que ellos acababan de depositar en una cuenta corriente (que correspondía al depósito inicial de su casa y a la cuota inicial del pago de su hipoteca) a una cuenta de RSP (de fondos de retiro) recién abierta, para así ahorrar impuestos: así el banco pretendía venderles esa idea, a pesar de que les explicaron que íbamos a presentar una oferta al día siguiente y que realizando la operación que les sugerían– tendrían que esperar 90 días para usar ese dinero otra vez.

El banco «se olvidó» de explicarles que tendrían el dinero congelado por 90 días, por lo que tendríamos que hacer una negociación con una fecha de cierre de 90 días o más, arriesgando perder la casa que querían por la falta de flexibilidad de su fecha del cierre. No solo eso, no les dijeron que tendrían que pagar su propio dinero en 7 años, aumentando sus pagos mensuales y arriesgando de nuevo la calificación financiera para su hipoteca, reduciendo así el valor de la casa que pudieran comprarse. Además, tendrían que esperar hasta su jubilación para tener acceso a estos fondos que no serían pagados de una vez, cuando lo necesitaran; tendrían que crear un plan de pago, con pagos mensuales, por unos años, para tener su dinero de vuelta. Si se tienen en cuenta las tasas normales de inflación, el banco estaría robando su dinero, legalmente.

Ni siquiera tuvieron en cuenta la situación personal de mis clientes y como no era importante en absoluto para ellos, el recorte fiscal que iban a recibir, haciéndoles perder la oportunidad de comprar la casa que querían, al congelarles incluso el dinero del depósito que necesitaban entregar en 24 horas.

Por suerte tuvieron la gran idea de llamarme primero desde el banco, para pedirme mi opinión antes de seguir adelante con la propuesta del empleado del banco. Por lo tanto, pude darles una mejor explicación de los contras de la propuesta bancaria a los efectos de comprar su casa.

Por favor, cada vez que vaya al banco recuerde que no están trabajando para usted, tratarán de venderle lo que puedan sin pensar en lo que necesita. Es por eso que trato de no utilizar los bancos para la hipoteca de mis compradores. Yo uso honestos corredores de hipoteca que trabajan para mis clientes.

Recientemente estuve leyendo un artículo de CBC llamado «Todos lo estamos haciendo»: los empleados de los cinco grandes bancos canadienses hablan sobre la presión para engañar a los clientes. *("We are all doing it": Employees at Canada's 5 big banks speak out about pressure to dupe customers)*. Están entrevistando a algunos empleados de los bancos más grandes de Canadá, que se quejan de cómo el banco los presiona para vender a sus clientes productos, tarjetas de crédito, líneas de crédito, fondos de retiro, etc., que no necesitan, para poder cumplir con su ambiciosa meta de ventas.

El artículo comenta: «Los empleados de los cinco grandes bancos de Canadá han inundado a Go Public con historias de cómo se sienten presionados para vender, engañar e incluso mentir a los clientes para cumplir metas de ventas poco realistas y mantener sus puestos de trabajo.

En casi 1.000 correos electrónicos, los empleados de RBC, BMO, CIBC, TD y ubicaciones de Scotiabank en todo Canadá describen las presiones para alcanzar sus objetivos de venta que se monitorean semanalmente, diariamente y en algunos casos cada hora.

«"La gerencia está encima de tu cuello todo el tiempo", –dijo un asesor financiero de Scotiabank–. "Ellos quieren que usted alcance sus ventas y no importa cómo"».

CBC ha acordado proteger sus identidades porque los trabajadores están preocupados por su empleo actual y futuro.

Un cajero de RBC de Thunder Bay, Ontario, dijo que incluso cuando los clientes no necesitan o no quieren nada, «necesitamos intentar mejorar su tarjeta Visa, aumentar sus límites de tarjeta de crédito o hacer que abran una línea de crédito».

«Ya no es lo que es importante para nuestros clientes, dijo. El banco quiere más y más dinero y está llevando a todos a endeudarse».

Un cajero de CIBC dijo: «Se espera que uno venda productos de manera agresiva, especialmente Visa, sin preocuparse si esto está afectando a los clientes».

Una asociada que atiende pequeños negocios en CIBC y que renunció a su puesto, después de nueve años en el trabajo, dijo que su gerente de sucursal del distrito no estaba satisfecho con sus resultados de ventas cuando ella se encontraba embarazada.

Según esta empleada, la gerente entró en su despacho y decidió hostigarla hasta que le provocó un ataque de pánico. Contó que la peor parte de su trabajo era tener familias jóvenes en su oficina que tenían que volver a hipotecar sus casas debido a sus grandes deudas.

«Les decíamos que los estábamos ayudando, pero esencialmente estábamos extendiendo más crédito y vendiéndoles productos financieros para que su círculo vicioso continuara y nosotros, a su vez, hiciéramos una venta», afirmó.

Usted encontrará que no solo existen personas sin ética como agentes de bienes raíces, sino que también hay entre asesores financieros, dentistas, abogados, mecánicos de automóviles o cualquiera que sea su profesión. La lista nunca terminará y usted tiene que educarse para protegerse. La peor parte con los empleados de un Banco es que, a veces, ni siquiera ellos saben que no están ayudando al cliente sino al Banco. Tienen falta de educación financiera, la verdadera, la que no se enseña en las escuelas.

En otros casos, son solo vendedores agresivos tratando de alcanzar su objetivo de ventas para evitar poner en riesgo su empleo de baja remuneración en el Banco.

Agente de hipotecas o banco: ¿cuál es el mejor para ayudarle con su financiamiento hipotecario?

Después de esto, seguramente se preguntará si es mejor ir al banco para solicitar financiamiento para su próxima casa o ir a un *broker* o agente de hipotecas.

En mi experiencia, la principal deficiencia que tienen los bancos es que muchos posibles compradores van y conversan con un gerente de cuentas o cualquier otra persona con un título altisonante que no sabe mucho de hipotecas ya que lo mismo ofrece tarjetas de crédito, fondos de retiro, abre cuentas bancarias, etc. Esta persona intenta hacerle su financiamiento porque le conviene a él para cumplir su objetivo de ventas, pero no es un especialista en el tema. Además, no le va a dar una atención personalizada, ya que cuando usted vuelva a ir posiblemente esta persona no trabaje ese día o en ese horario y usted no va a comunicarse fácilmente con él el fin de semana o fuera del horario de oficina.

Existen bancos que le ofrecen un especialista de hipotecas que normalmente da un mejor servicio y tiene más conocimientos del tema.

Otro tema que no me agrada de los Bancos es que le ofrecen la tasa que tienen en ese momento, la cual no tiene porqué ser la que le conviene a usted y por otro lado la falta de flexibilidad en los Bancos es notoria.

En mi opinión, y muchos me odiarán por este consejo, lo más inteligente es tener dos opciones: una con un Banco y otra con un agente de hipotecas. En más de una ocasión he tenido clientes que después de que el Banco les ha ofrecido una tasa de interés supuestamente especial, porque son clientes desde hace 20 años, el agente de hipotecas les ha conseguido una mejor tasa con el mismo Banco. Cuando el cliente le dice al Banco que tiene una tasa mejor y mejores condiciones, de pronto, mágicamente, el Banco le ofrece una tasa de interés más atractiva aún. Con lo que demuestra que su tasa no era tan preferencial como le hicieron creer al inicio.

Es importante tener en cuenta que si desea ir a varios Bancos para ver cuál le ofrece mejores términos, cada uno de ellos necesitará chequear su historial crediticio y cuando su crédito es chequeado varias veces, este puede ser afectado.

Dentro de las ventajas que ofrecen los agentes de hipoteca están las siguientes:

1. Están más interesados en que usted logre su financiamiento hipotecario, ya que, si no lo logran, no cobran.
2. Pueden hacer su calificación financiera con diferentes Bancos, no solo con uno y pueden escoger cuál es la más conveniente.
3. Necesitan solo un chequeo del crédito, aunque hagan la solicitud en diferentes Bancos. Cuando muchos Bancos acceden a su información de crédito, su calificación o puntaje de crédito se reduce, ¡algunas veces eliminando su posibilidad de lograr a aprobación de la hipoteca sobre una propiedad!

4. El servicio normalmente es mejor, ya que no funciona con horarios de oficina. El trato es más personalizado; pueden ir a su casa o hacerle una calificación por teléfono.

5. Tienen acceso a diferentes tipos de instituciones financieras y a diferentes programas, por lo que ofrecen soluciones más flexibles que los bancos.

6. El servicio que ofrecen es normalmente gratuito, ya que la mayoría de las instituciones financieras les pagan comisión. Hay casos en que existe un honorario que se les debe pagar cuando están trabajando con instituciones prestamistas que no les ofrecen comisión. La ley indica que usted debe estar informado de esta situación.

Es por esto que, normalmente, me siento más confiado cuando mis clientes trabajan con un profesional y no con alguien que no es un profesional en préstamos hipotecarios.

En más de una ocasión he tenido que llamar a un especialista de hipotecas a las 11:30pm, en el medio de la presentación de una oferta para saber si mi cliente califica para pagar $5.000 u $8.000 más para comprar la casa de sus sueños. Esto ¡ni soñar en hacerlo con el Banco!

Con esto no quiero decir que no haya buenos profesionales en el Banco, pero siempre intente lidiar con el profesional de hipotecas de ese Banco.

Mi consejo, como le comenté anteriormente, es buscar más de una opción y dejar que compitan por su negocio. Esto le puede ahorrar unos miles de dólares. Cuando le digo más de una opción no es más de 2 o 3 opciones ya que, como vimos, esto puede afectar su crédito. Mínimo 2 y máximo 3 opciones.

Agentes de hipotecas deshonestos

Sería ingenuo pensar que todos los agentes de hipotecas son honestos. De la misma manera que existen agentes de bienes raíces, abogados, vendedores de carros, dentistas, etc. que no son honestos, hay agentes de hipoteca que intentarán aprovecharse de usted.

La industria de los agentes hipotecarios funciona de manera tal que, normalmente, mientras mayor sea la tasa de interés que usted pague por la hipoteca que le ofrecen, más dinero se les paga a ellos.

Algunos se aprovechan de la desinformación que tienen los clientes para hacerles pagar mayores tasas de interés y de esta manera ganar más dinero.

Otros intentarán calificarlo con la institución financiera que les pague más comisión y no con la que le ofrezca a usted la mejor tasa de interés y condiciones. Por lo tanto, mi consejo sigue siendo el mismo. Estudie y busque información para no ser engañado. El solo hecho de lidiar con más de uno y ponerlos a competir lo hará acordarse de mí por el dinero que ahorrará.

Nuevamente, tiene que darse a la tarea de encontrar un agente que sea honesto para que sea su fuente de información. Normalmente los agentes de bienes raíces honestos trabajan con profesionales que a su vez lo son.

Personalmente, me ha sido difícil encontrar profesionales honestos que pueda referirles a mis clientes, pero no es imposible. Y con esfuerzo y paciencia he logrado descubrir a algunos y me mantengo trabajando con ellos, ya que sé cuán difícil es encontrar otros.

XVI. Vender su casa sin agente de bienes raíces

Todos los años, cientos de personas venden su casa sin utilizar los servicios de un profesional inmobiliario. Al igual que muchos deciden poner un piso en su casa o hacer arreglos de plomería o de electricidad sin consultar a un profesional o simplemente arriesgan su salud automedicándose, sin ir a visitar a un médico.

Entiendo lo que está pensando: el último agente de bienes raíces con quien le tocó trabajar tenía una licencia, pero esto no lo convertía en un profesional. Como ya he dicho, un profesional –en cualquier profesión– es alguien que tiene experiencia en lo que hace y tiene un deseo incontrolable de aprender y superarse y esto es lo que lo hace mejor que los demás.

Muchos de los que entran en la carrera de bienes raíces solo quieren hacer dinero y convertirse en un profesional no está dentro de sus planes: esto destruye la reputación de la industria de bienes raíces en general.

De acuerdo con la situación del mercado inmobiliario, usted tendrá más o menos éxito en vender su casa sin agente de bienes raíces. Si estamos en un mercado de compradores le será más difícil vender su propiedad. Si estamos en un mercado de vendedores, su casa se venderá sin mucho problema, tal vez no por la misma cantidad de dinero, pero al menos usted se sentirá bien al ahorrarse la comisión. Si usted desea ir por esta ruta, aquí van algunos consejos:

1. El MLS (servicio de listados múltiples) es una herramienta importante para la publicidad de su casa. Algunas compañías de servicio limitado ofrecen este servicio por un precio asequible. Es importante que tenga en cuenta que este pago usted lo hará se venda su casa o no, ya que usted estaría actuando como un agente y asumiendo los gastos y el riesgo de perder este dinero si no se vende su casa.

    En algunas compañías le ofrecen ayuda en la negociación por un costo extra. En este caso tampoco tendría acceso a un negociador experto que colabore, ya que la mayoría de los agentes que trabajan en estas compañías no son negociadores expertos, ni tienen una gran experiencia puesto que, si lo fueran, serían exitosos trabajando de la manera tradicional, lo que les reportaría mayores beneficios financieros.

    Estas compañías le muestran generalmente cuántas casas en venta tienen ellos, pero nunca le dirán por cuánto más ellos lograron vender la casa de sus clientes ya que después de que cobran sus honorarios desaparecen, sin importarles si su casa se vendió o no. Además, sus honorarios son tan bajos que tienen que perseguir más clientes para tener un ingreso decente.

2. Casi siempre es aconsejable que le pague la tarifa normal de la comisión al agente que le traiga un comprador, ya que estaría aprovechándose de la mayoría de los compradores que están trabajando con un agente de bienes raíces. Ya hablamos de esto en capítulos anteriores.

3. Usted debería manejar las visitas a su casa, que pueden ser con agentes de bienes raíces o no. Y en el caso de los que no vienen con un agente de bienes raíces, debe tener en cuenta la seguridad de su casa ya que no conoce a estas personas ni están registrados en ningún lugar como los compradores que traen los agentes.

Uno de los elementos más importantes en la venta de su casa es la disponibilidad de la vivienda para las visitas de posibles compradores, en casi cualquier momento. En el caso de no contratar una oficina de bienes raíces usted tendría que estar en la casa para abrir la puerta. Si no puede hacerlo porque está trabajando en su horario diurno estaría perdiendo muchos compradores que tienen únicamente ese tiempo para ver casas.

4. La negociación de la oferta es algo que lleva un poco de psicología y mucho de entrenamiento. Por supuesto que cualquiera puede hacerlo sin previo entrenamiento, como hacemos para comprar lo que queremos en

lugares donde podemos regatear. El tema es que estaría regateando con cantidades mucho mayores y poniendo en juego el patrimonio de su familia.

En ocasiones, por no hacer lo que mis clientes me piden que haga en la negociación, les he ahorrado o les he hecho ganar de 3.000 a 10.000 dólares utilizando mi experiencia en negociaciones anteriores.

5. Existen otros sitios web donde debería publicitar su casa, como Craig List, Kijiji, Back Page, Homefinder, entre otros; sin olvidar los sitios de redes sociales como Facebook, Twitter, LinkedIn etc. Esto le daría más exposición a su propiedad.

6. Por favor, no tome las fotos con su teléfono. Más del 90% de los compradores comienzan la búsqueda de su casa en internet. Contrate un servicio de profesionales que además de las fotos le haga un buen tour virtual de la casa. Mientras más compradores visiten su casa, más dinero puede obtener por la venta de esta. No olvide preparar la casa para las fotos.

He tenido muchos clientes que no quieren ver casas que no tienen fotos o que no tienen tours virtuales, a pesar de mi insistencia.

7. Intente establecer el precio de su casa correctamente y determinar la estrategia de posicionamiento a seguir, de acuerdo con las condiciones del mercado en general y en particular en su barrio. Es importante tener acceso a información como casas vendidas en el barrio y casas en venta, para ver cuál es su competencia.

Es también importante monitorear qué ocurre en el mercado mientras su casa está a la venta.

8. Ya expliqué en el capítulo acerca del enfoque emocional para vender su casa, lo importante de contratar profesionales para venderla por más dinero.

En caso de que desee hacerlo por su propia cuenta puede visitar www.vendiendosucasapormasdinero.ca donde encontrará muchos consejos para preparar su casa para la venta y secretos de marketing que muchos agentes de bienes raíces no conocen.

XVII. Resumen

Para resumir, podemos decir que el modelo existente en el cual los agentes de bienes raíces trabajan por una comisión no colabora con la honestidad de los más desesperados, saliendo perjudicado el público en general y los clientes de estos agentes.

La relativa facilidad con que los agentes obtienen su licencia de bienes raíces, sumado a las altas expectativas de hacer mucho dinero de manera rápida, no siempre atrae a las personas más éticas a la industria de bienes raíces.

La mayoría del entrenamiento existente, focalizado en técnicas de ventas, perseguir clientes, llamar por teléfono, tocar puertas a desconocidos y presionar a clientes sin aceptar un «no» como respuesta, disminuye la reputación de los agentes de bienes raíces y representa un riesgo para muchos clientes potenciales ingenuos.

Miguel Fernández

La industria está llena de agentes de bienes raíces sin experiencia, cerca del 90% de los agentes cierran menos de 13 transacciones al año.

Las grandes franquicias de oficinas de bienes raíces no son una garantía de absolutamente nada, ya que estas compañías se centran más, generalmente, en contratar personas con una licencia que en seleccionar los mejores agentes para que trabajen en su oficina.

Por mucho tiempo he intentado proteger a todos los que conozco con libros, artículos, información, aconsejando a todos los que quieran comprar o vender una casa para que hagan su tarea al momento de contratar a un agente de bienes raíces y averigüen lo más que puedan, y por supuesto que no contraten a la primera persona que les toque la puerta.

Definitivamente, el solo hecho de tener una licencia de bienes raíces no convierte a esta persona en la mejor opción para usted y su familia.

Recuerdo que cuando estudiaba derecho en la Universidad de La Habana nos decían que la carrera nos daba derecho a aprender derecho; o sea, que realmente íbamos a aprender de leyes con la experiencia, sobre la marcha, después que termináramos la carrera.

Al momento de vender o comprar una casa debe prepararse para tener éxito en una de las transacciones financieras más grandes que realizará en su vida.

Espero que este libro le ahorre miles de dólares y le ayude a protegerse del mayor peligro que le acecha en una transacción inmobiliaria…. Su Agente de Bienes Raíces.